HÖHLEN, WUNDER, HEILIGTÜMER

HÖHLEN, WUNDER, HEILIGTÜMER

Mythische und magische Plätze
in Deutschland

Heinrich Pleticha
Mit Farbbildern von Wolfgang Müller

Herder Freiburg · Basel · Wien

Reproduktionen: HWF Müller, Denzlingen
Satz: Barbara Herrmann, Freiburg
Belichtung: Johannes Schimann, Ingolstadt
Druck und Bindung: Freiburger Graphische Betriebe 1994
ISBN 3-451-23474-2

Inhalt

Vorwort

Einmal anders durch Deutschland reisen ... Es gibt so viele Möglichkeiten, durch Deutschland zu reisen. Die einen wollen Landschaften kennenlernen, die anderen Städte. Man kann Flüssen folgen oder Bahnlinien und Autobahnen. Man kann Spuren nachgehen, den Spuren der Geschichte, den Spuren der Dichter oder Spuren von Sagen und Märchen. Manche suchen die Burgen, andere wieder Kirchen oder Wallfahrtsorte. Eine Denkmalreise wäre etwas Ausgefallenes und gar nicht so einfach, weil es viel zu suchen und zu sehen gibt. Es erscheinen Wander- und Wirtshaus-, Museums- und Kunstführer. Warum sollen wir nicht auch einmal nach ausgefallenen Spuren suchen?

Wenn ich im Bekanntenkreis über diesen Buchplan sprach, kam meistens als spontane Reaktion der Ausruf: „Sehr interessant!“ Dann aber nach kurzem Zögern fast ebenso häufig die Frage: „Ja, was gehört denn da eigentlich dazu?“ Mochte die Antwort dann auch in groben Zügen die Gliederung dieses Buches vorwegnehmen, ergab sich sogleich die weitere Frage, wie denn diese vier Gruppen und die darin angeführten Orte und Plätze miteinander zusammenhingen.

Man könnte von „erlebter Vergangenheit“ als einem gemeinsamen Nenner sprechen, aber das wäre noch zu allgemein. Besser schienen zwei andere Begriffe: Geschichte und Sage bzw. Legende. Damit ergibt sich jener doppelte Maßstab oder auch Raster, der für Gliederung und Auswahl maßgebend wurde.

Es geht um Geschichte und Sage, also um Geschichte und Geschichten, um die Spuren der Vergangenheit und um ihr Erleben, aber nicht auf sachlicher oder gar wissenschaftlicher, sondern auf einer stärker emotional geprägten Ebene, auf der wir uns in unserer nüchternen, rationalen Zeit nur noch viel zuwenig bewegen können. Das eben sind die geheimnisumwobenen Merkwürdigkeiten im weitesten Sinne.

Heinrich Schliemann, der große Archäologe und Wiederentdecker Trojas, hat das in seiner Selbstbiographie an einem sehr schönen Beispiel aus seiner Jugendzeit dargelegt, wenn er von dem tiefen Eindruck erzählt, den ein sagenumwobenes Grabmal und eine Ruine bei ihm hinterließen. Das hat nichts mit kindlicher oder gar kindischer Naivität zu tun, vielmehr rühren solche Begegnungen an den Urinstinkten des Menschen und berühren damit auch heute noch jene Saite, aus deren Klang den frühen Völkern der Mythos erwachsen ist, ohne den der Logos nicht denkbar wäre.

Was wir in diesem Buch unternehmen, ist der Versuch einer janusgesichtigen Reise in Gegenwart und Vergangenheit zugleich. Die Gegenwart spiegelt sich im Augenschein, also in den Bildern, die Vergangenheit in den zugehörigen Texten. Es mag sein, daß dabei vieles nur angedeutet werden konnte, daß zu manchem der genannten Plätze schon ganze Bücher geschrieben wurden und auch kontroverse Meinungen aufeinanderprallten. Sicher gibt es auch Spezialisten wie Heimatkundler, Theologen, Sagensammler, Archäologen, die Gewichtigeres aussagen als die verhältnismäßig kurzen Begleittexte. Aber darum geht es nicht, sondern einfach um die Begegnung und das Erleben.

Aus der Fülle konnte nur eine Auswahl getroffen werden, die zugleich als Anregung für eigenes Weitersuchen gedacht ist. Wenn Martin Heidegger einmal im Zusammenhang mit der Heimatgeschichte vom „Zuspruch des Feldweges" schrieb, der überall spürbar und daher nachvollziehbar sei, so gilt das auch für die hier aufgeführten 60 geheimnisvollen und merkwürdigen Plätze. Wir müssen uns nur umsehen, müssen uns die Höhlen und Hünengräber, die uralten magischen Stätten und Kultorte, die Klöster und Wallfahrtsstätten, Burgen und Ruinen näher ansehen und versuchen, ihre Vergangenheit zu erfassen, schon werden sich Querverbindungen zu anderen ähnlichen Plätzen ergeben, die hier nicht erwähnt werden konnten; denn man darf ohne Übertreibung sagen, daß ihre Zahl in ganz Deutschland in die Tausende geht.

Das hatte schon der große Märchen- und Sagensammler Ludwig Bechstein erkannt. Als er vor rund 150 Jahren sein „Deutsches Sagenbuch" zusammenstellte, gliederte er den Inhalt von 1000 Sagen in Form einer Rundreise durch Deutschland und die benachbarten Grenzgebiete. Wir werden heute innerhalb der Grenzen der Bundesrepublik manche der von ihm aufgeführten Sagenorte schon vergeblich suchen, sie sind verschwunden in der modernen Industrielandschaft, vernachlässigt oder verfallen. Aber selbst dort, wo die Sagenplätze und -denkmäler noch existieren, erinnert man sich oft nicht mehr an den geistigen oder mythischen Hintergrund. Volksglaube und Volksfrömmigkeit werden heute häufig belächelt. Vielleicht können die folgenden Seiten helfen, das Gespür für Magisches und Mythisches, für Legenden, Sage und Geschichte wieder zu wecken. Es müssen ja nicht immer gleich die ägyptischen Pyramiden, die Steinzeittempel von Malta, die Menhire von Carnac oder die Ruinenstätten der Mayas im zentralamerikanischen Urwald sein, geheimnisumwobene, magische und heilige Plätze gibt es auch in Deutschland vor unseren Haustüren. Man muß sich nur ein wenig Mühe geben und sie suchen.

Wer die Deutschlandkarte dieses Buches mit den 60 darauf markierten Plätzen näher betrachtet, wird leicht feststellen können, daß sich Autor und Fotograf um eine möglichst flächendeckende Auswahl bemüht haben, in der alle Länder der heutigen Bundesrepublik vertreten sind. Damit wird der Band noch lange nicht zu einem Reiseführer. Es genügt ja schon, wenn er auf seine Art einmal ein paar neue, nicht ganz alltägliche Anregungen bietet.

Merkwürdige Plätze der Frühzeit

Der Beginn der deutschen Geschichte wird meistens mit dem Jahre 911 angesetzt, in dem der Franke Konrad I. deutscher König wurde, manchmal auch acht Jahre später mit dem Regierungsantritt des Sachsenkönigs Heinrich I. Wenn wir großzügig sind, können wir die Anfänge schon bis zu Kaiser Karl dem Großen zurückdatieren. Doch was davor liegt, ist Stammesgeschichte, in der nur ein paar Daten und Ereignisse wie etwa die bekannte Schlacht im Teutoburger Walde 9 n. Chr. oder das Vordringen der Alemannen 258 n. Chr. über den Limes auf römisches Gebiet der Allgemeinheit bekannt sind, während sich sonst nur die Fachhistoriker mit dieser Zeit genauer beschäftigten. Gehen wir aber noch weiter zurück, werden die Kenntnisse immer ungenauer, keine Lehrpläne der Schulen nehmen darauf Rücksicht, kaum ein Lehrer findet Zeit, sich damit zu beschäftigen.

Was aber geschah im Gebiet des heutigen Deutschland in den Jahrhunderten und Jahrtausenden vor der Völkerwanderung? Eine Antwort auf diese Frage gibt die Vor- und Frühgeschichtsforschung, die sich als eine junge Disziplin der Archäologie seit mehr als hundert Jahren entwickelt hat. Dabei geht es weniger um einen Kanon von einzelnen Daten und Jahreszahlen, also um ganz bestimmte historische Ereignisse, sondern um das Wissen von kulturellen Entwicklungen, geistigen, aber auch ethnischen Zusammenhängen. Was dabei heute selbstverständlich erscheint, ist das Ergebnis oft langwieriger, manchmal geradezu detektivischer wissenschaftlicher Kleinarbeit. Immer noch steht der Laie staunend vor den Ergebnissen und vor den ans Licht gebrachten, in das Dunkel der Vorzeit zurückführenden Lebensformen. Kein Wunder, daß früher einmal Mythen die Fakten ersetzen mußten. Von Werken des Teufels, Gräbern der Riesen und ihren Burgen war da die Rede. Auf solche Weise wurde Merkwürdiges erklärt, entstanden Sagen, die sich bis zum heutigen Tage gehalten haben und in denen manchmal sogar ein historischer Kern verborgen ist. Um das Durcheinander zu vergrößern wurden zumindest seit dem 19. Jahrhundert vereinzelt künstliche „alte“ Fundplätze geschaffen, die dann Namen wie „Heidenhügel“ oder „Runensteine“ erhielten und manchmal, wenn auch nicht lange, sogar Altertumsforscher täuschten.

Bei den folgenden fünfzehn Beispielen geht es nicht ausschließlich um archäologische Funde, sondern vor allem um Fundorte, die heute noch in Deutschland zu den merkwürdigen Plätzen gehören und trotz strenger wissenschaftlicher Forschung immer noch ein wenig mit dem Schleier des Geheimnisvollen umgeben sind. Das hat nichts mit Sensationshascherei zu tun, sondern sollte lediglich anregen, ein wenig nachzudenken – und vielleicht auch mit offenen Augen und kritischem Blick an andere solche Zeugnisse der Vorgeschichte heranzugehen.

Wollten wir diese Plätze der Vorzeit auf einen gemeinsamen, kurzen Nenner bringen, könnte man von Höhlen, Steinen und Hünengräbern sprechen. Bemerkenswert sind sie alle. In Abwandlung des schon beinahe zum geflügelten Wort gewordenen Romantitels ließe sich wohl auch sagen: „Es muß nicht immer Tut-ench-Amun sein ..."

Deutschland ist reich an solchen vorgeschichtlichen Fundorten. Viele von ihnen gehören so selbstverständlich zur Landschaft, daß sie gar nicht mehr richtig beachtet und wahrgenommen werden. Wie oft vermerken doch Wanderführer Sätze wie: „Hier stehen wir vor einem Grabhügel der Hallstattzeit" oder „daneben der Grabhügel einer frühzeitlichen Begräbnisstätte" und ähnliches mehr. Findige Gemeinden haben deshalb schon archäologische Wanderwege und Lehrpfade angelegt, um interessierte Touristen anzulocken.

Unter solchen Umständen sind die auf den folgenden Seiten behandelten fünfzehn Plätze noch weniger als der vielzitierte Tropfen auf den heißen Stein, besonders wenn man bedenkt, daß sie sich räumlich über ganz Deutschland und zeitlich – selbst wenn wir dem Neandertaler eine Sonderstellung zubilligen – über rund 40 000 Jahre verteilen. Der zeitliche Bogen wurde dabei bewußt sehr weit geschlagen. Er schließt steinzeitliche Fundstätten ebenso ein wie die Fürstensitze und Gräber der Kelten und Germanen, bringt Beispiele aus römischer Zeit, weist auf Wikingerspuren im Norden und zum Schluß mit der Babilonie von Lübbecke noch auf ein Zeugnis aus der Übergangszeit von fränkischer und sächsischer Stammesgeschichte zur deutschen Geschichte.

Unter die bemerkenswerten Plätze lassen sich alle hier vorgestellten Fundorte einreihen, mehrere auch trotz systematischer Forschung immer noch unter die geheimnisvollen und ein paar auch unter die magischen. Als uralte Kultorte haben sie längst auch das Interesse moderner Kultforscher gefunden und werden in entsprechenden Handbüchern und Führern erwähnt. So könnten sie auch im zweiten Kapitel dieses Buches auftauchen, wie umgekehrt verschiedene der dort aufgeführten Plätze, wie etwa die Externsteine, der Ipf oder Kap Arkona, natürlich auch für Archäologen wichtige Forschungsobjekte darstellen.

Das Neandertal bei Düsseldorf

Wer als Ortsunkundiger eine Karte der Umgebung Düsseldorfs betrachtet, mag kaum glauben, daß es in diesem Gewirr von Schnellstraßen auch noch abgelegene und sogar romantische Flecken geben soll. Und doch verweisen die Einheimischen stolz auf das Neandertal, nicht nur weil es zu den beliebten Naherholungsgebieten gehört, sondern weil sein Name auch auf der ganzen Welt Berühmtheit erlangt hat. Dabei war es früher einmal noch weit romantischer, so daß es sich der aus Bremen stammende reformierte Prediger und Liederdichter Joachim Neumann um 1670 zu seinem Lieblingsaufenthalt wählte. Nach ihm erhielt es auch seinen Namen. Allerdings hatte ihn der Herr Prediger der Sitte seiner Zeit entsprechend längst geändert, und das war gut so; hat doch schon Rudolf Pörtner einmal ganz richtig darauf hingewiesen, daß es als „Neumanntal" wohl kaum den gleichen Bekanntheits- und Berühmtheitsgrad erreicht hätte!

Die Unternehmer des 19. Jahrhunderts scherten sich wenig um Einsamkeit und Romantik des Neandertals, und so ließ auch ein Steinbruchbesitzer die Kalksteinwände, die damals das Tal einengten, einfach abbrechen. Diesen rigorosen Arbeiten fielen auch einige kleinere Höhlen in den Steinbruchwänden zum Opfer. Dabei fanden sich ein paar Skelet-

Links: Nahe der Fundstelle im Neandertal erinnert ein Denkmal an den ersten hier entdeckten „Neandertaler".
Oben: Die Vogelherdhöhle als Schauplatz eines Jugendbuches: Umschlagbild aus den 30er Jahren.

teile, die für immer unter dem Schutt verschwunden wären, hätte nicht der Steinbruchbesitzer den Naturkundelehrer Johann Carl Fuhlrott von der Oberrealschule in Elberfeld darauf aufmerksam gemacht. Mit geradezu genialer Intuition erkannte dieser, daß es sich bei diesen Knochen, einem Schädeldach, zwei Oberschenkel- und zwei Oberarmknochen, einem Schulterblatt und einigen Rippen, um etwas Außergewöhnliches handeln müsse. Zu einem Zeitpunkt, an dem von der Vorgeschichte noch sehr wenig bekannt war, kann man Fuhlrotts Blick nur bewundern. Freude sollte er allerdings an seinem Fund wenig haben; denn die Wissenschaftler, die dem Gespür des Außenseiters mißtrauten, zweifelten fast ausnahmslos sein Urteil an. Vor allem Rudolf Virchow, der bedeutende Anatom und berühmteste Urgeschichtsforscher seiner Zeit, fällte ein vernichtendes Urteil und erklärte nach immerhin sorgfältiger Untersuchung, bei den Knochen handele es sich um die Überreste eines rachitischen Menschen aus einer viel späteren Zeit!

Es spricht erneut für Fuhlrott, daß er, obgleich scheinbar der Lächerlichkeit preisgegeben, doch fest an seiner einmal gefaßten kühnen Meinung festhielt und sie in durchaus zurückhaltender, aber klar abwägender Weise in seinen Veröffentlichungen vertrat. Der Umschwung kam schon 1860, vier Jahre nach der Entdeckung, als sich der englische Geologe Lyell nach gründlicher Untersuchung des Fundortes Fuhlrotts Meinung anschloß; und nochmals vier Jahre später übernahm dessen Assistent sogar erstmals den Begriff „Homo Neanderthalensis" in ein wissenschaftliches Werk. Trotzdem ging der Gelehrtenstreit weiter, bis neun Jahre nach Fuhlrotts Tod 1886 die Funde zweier Skelette bei Spy in Frankreich die Richtigkeit von dessen Auffassung bestätigte. Nun endlich ließen sich auch die letzten Gegner überzeugen, nur Virchow blieb starrsinnig bei seiner Auffassung von rachitischen Mißbildungen.

Inzwischen hatte der Neandertaler sozusagen seinen Siegeszug durch die ganze Welt angetreten. Der Name blieb die wissenschaftliche Bezeichnung für eine ganz bestimmte Gruppe der Eiszeitmenschen vor rund 100 000 Jahren. Es sind keineswegs unsere Vorfahren, sondern sie nehmen in dem komplizierten System der Menschheitsentwicklung eine Sonderstellung ein und bilden sozusagen eine Sackgasse im Stammbaum der Menschheit. Insofern kann auch niemand, der im Neandertal dem bei den Besuchern so beliebten Standbild in der Nähe der Fundstelle gegenübertritt, etwa meinen, er müsse den wilden und primitiven Herrn gleich als seinen Ahnen ansehen, das stört diesen aber wiederum nicht; denn längst hat der einsame Jäger in Europa und Asien Gefährten bekommen. Etwa 130 Individuen von diesem Menschentyp wurden inzwischen aufgefunden und verkünden den Ruhm des Neandertals.

Vogelherdhöhle und Ofnethöhle in der Schwäbischen Alb

Mancher Leser mag sich vielleicht an seine Jugend erinnern, als er mit Begeisterung im „Rulaman“ des D. F. Weinland von den Eiszeithöhlen in der Schwäbischen Alb und ihren Bewohnern las, vom jungen Rulaman oder der geheimnisvollen alten Parre. Vielleicht hat er später die eine oder andere dieser Höhlen selbst besucht. Manche sind bekannt und touristisch auch gut erschlossen, an anderen fährt man heute oft achtlos vorüber. So ist es von der Autobahnausfahrt bei Niederstotzingen (zwischen Heidenheim und Ulm) nur ein Katzensprung ins Lonetal, wo man an der Straße zwischen Stetten und Bissingen ohne große Mühe und nach einem kleinen Spaziergang zur Kalksteinkuppe des Vogelherds gelangt und dort eine Höhle mit drei Eingängen findet. Sie wurde erst 1930 entdeckt und 1931 von Gustav Riek ausgegraben. Deutlich konnte dieser feststellen, daß es sich gleichermaßen um eine Wohn- wie eine Kulthöhle handelte, die über Jahrtausende hinweg besiedelt gewesen war. Die älteste Schicht führt zurück bis in die Mittlere Altsteinzeit vor mehr als 50 000 Jahren, die jüngste läßt sich genau der Jungsteinzeit um 5000 v. Chr. zuzuordnen. Wenn man hier in der Einsamkeit der verkarsteten Alb steht, eigentlich schon ganz fern von dem nahe vorbeirauschenden Verkehr auf der Autobahn, vermag man sich nicht vorzustellen, daß hier einmal viele Jahrtausende lang Menschen lebten und jagten. Gustav Riek, der Ausgräber der Höhle, hat versucht, das Leben solcher Jäger gegen Ende der letzten Eiszeit, also vor etwa 30 000 Jahren, in der Jugenderzählung „Die Mammutjäger vom Lonetal“ nachzuzeichnen. Gerade aus der behandelten Zeit stammen nämlich die schönsten und bedeutendsten Funde, Steinwerkzeuge, Knochen- und Geweihgerät, aber auch aus Mammutelfenbein geschnitzte Figuren von erstaunlicher künstlerischer Qualität, so etwa ein kleiner Höhlenlöwe, ein knapp 7 cm langer Panther und einige winzige Wildpferdchen.

Es sind nur etwa 2 km von hier zum Hohlenstein-Stadel, einer anderen Höhle des Lonetals, wo eine seltsame, unheimlich anmutende Figur, halb Löwe, halb Mensch, entdeckt wurde, vielleicht das Abbild eines Schamanen mit einer Löwenmaske. Drei menschliche Schädel, die in einer Rötelpackung im Vorderteil der Höhle gefunden wurden, weisen auf deren Nutzung als kultische Begräbnisstätte.

Eine ähnlich makabre Überraschung bot auch die Ofnethöhle, die man in halbstündiger Autofahrt vom Lonetal über Heidenheim-Neresheim südlich von Nördlingen erreicht. Sie liegt an einem kahlen Hang, keineswegs so einsam und romantisch wie die Vogelherdhöhle, dafür aber wurde sie bei Archäologen und Kultplatzforschern gleichermaßen berühmt; denn 1908 entdeckte ein Ausgräber in ihr zwei flache Gruben, in denen geradezu liebevoll in der einen sechs, in der anderen siebenundzwanzig Schädel wie im Hohlenstein-Stadel in roter Ockererde beigesetzt waren. Sie lagen im Kreis geordnet, mit den Gesichtern nach Westen, der untergehenden Sonne zu. Es waren insgesamt zwanzig Kinder-, neun Frauen- und nur vier Männerschädel. Alle wiesen sie zertrümmerte Schädeldecken auf.

Waren diese Menschen erschlagen worden, oder wurden die Schädel erst nach deren Tod aus kultischen Gründen zertrümmert? Waren ihre Leiber verbrannt oder vielleicht sogar verzehrt worden? Manche Forscher vermuten rituelle Tötungen und Kannibalismus. Was tatsächlich geschah, wird ein Rätsel bleiben. Die große Ofnethöhle hat ihr Geheimnis bis zum heutigen Tag bewahrt. Und sie scheint immer noch eine magische Anziehungskraft auszuüben; denn ein Kultplatzführer weist auf benutzte Feuerstellen und angeblich sogar rituelle Feiern hin.

Einhornhöhle und Steinkirche im Harz

„Eine Höhle mit Vergangenheit“ – so kann man von der Einhornhöhle im Südharz westlich von Bad Lauterberg sagen und in solche durchaus respektvoll gemeinte Bezeichnung gleich auch die nahegelegene Steinkirche mit einbeziehen. Tatsächlich können sich nur wenige Höhlen eines schon so alten und immer noch anhaltenden Interesses der Wissenschaftler erfreuen wie gerade sie. Und neuerdings gesellen sich noch Geomanten und Kultforscher dazu, die den geradezu legendären Ruf auf ihre Art aufpolieren. Aber leicht haben sie es nicht, und ein einschlägiger Führer schlägt deshalb vor, die Steinkirche am besten nach Mitternacht zu besuchen, „wenn nicht mehr so viele Autos die Schnellstraße entlangdonnern“.

Man erreicht die beiden nahe beieinander gelegenen Höhlen von der Autobahnausfahrt

Die Steinkirche im 19. Jh. Stahlstich nach einer Zeichnung von L. Richter in den „Wanderungen durch den Harz“ von W. Blumenhagen

Der Eingang zur Steinkirche heute.

Göttingen-Nord auf der B 27 bei Herzberg bzw. Scharzfeld. Die Einhornhöhle gehört heute im Sommer zu den gern besuchten Touristenattraktionen. Erwähnt wird sie erstmals schon Mitte des 16. Jahrhunderts, damals noch unter dem Namen „Zwergenlöcher", was auf alten Volksglauben rückschließen läßt. Ihren wesentlich selteneren heutigen Namen verdankt sie einem Irrtum; denn die Höhlensohle barg zahlreiche fossile Knochen und Zähne ausgestorbener Tierarten, vor allem von Höhlenbären, die fälschlich als die Überreste des sagenhaften Einhorns angesehen wurden. Immerhin war der Glaube an dieses Fabelwesen wissenschaftlich sozusagen abgesegnet, hatte es doch kein Geringerer als der große Gottfried Wilhelm Leibniz in einem Rekonstruktionsversuch beschrieben. Er zählt übrigens auch zu den frühen prominenten Höhlenbesuchern. Pulverisierte Einhornknochen galten in der Medizin des ausgehenden Mittelalters und der frühen Neuzeit als besonders heilkräftig, und die Höhle bot sie offensichtlich in reichem Maße. Kein Wunder, daß sie dementsprechend geplündert wurde. Parallel dazu lief aber auch die wissenschaftliche Erforschung. Goethe besuchte sie auf seiner dritten Harzreise. Zu den bekanntesten Ausgräbern und Höhlenforschern des 19. Jahrhunderts gehörte der Berliner Professor R. Virchow. Dementsprechend gut untersucht ist die Höhle. Archäologische Funde beweisen, daß frühgeschichtliche Menschen hier lebten, ein Grab und Skelettreste mit rituellen Schnitten und Zertrümmerungen deuten auf kultische Nutzung.

Auffallender, auch stärker von Sagen umwoben ist die nahegelegene „Steinkirche", wie eine andere Höhle genannt wird, die man am besten vom nördlichen Ortsrand von Scharzfeld aus erreicht und die zu den bedeutendsten Kulturdenkmälern des Harzes gehört. Dem Besucher fällt es nicht schwer, in ihr sogleich eine vorgeschichtliche Kulthöhle zu vermuten; denn wenn hier kein sakraler Platz lag, dann nirgends! Tatsächlich haben sorgfältige archäologische Untersuchungen steinzeitliche Funde freigelegt, die auf eine – wenn auch nicht ständige – Siedlung seit dem 10. Jahrtausend v. Chr. hinweisen. Im frühen Mittelalter wurde dann die alte heidnische Kulthöhle in eine christliche Kultstätte umgewandelt. Eine Sage erzählt von einer weisen Frau, die zur Zeit Karls des Großen in der Höhle gehaust habe. Als sie von fränkischen Kriegern gefangengenommen werden sollte, sei sie auf einem Einhorn davongeritten. Ein Mönch, der sie verfolgte, sei plötzlich in einem Loch im Erdboden versunken und in die Einhornhöhle abgestürzt. Andere Mönche hätten die Höhle dann in eine christliche Kultstätte umgewandelt. Einer volkstümlichen Überlieferung zufolge, soll die in den Stein gehauene Kirchenanlage als das älteste Gotteshaus des Harzes 732 von Bonifatius gegründet worden sein. Sie behielt ihre Aufgabe bis gegen Ende des 16. Jahrhunderts.

In der Neuzeit diente sie nur als romantisches Ausflugsziel, wie das 1838 Wilhelm Blumenhagen in seinem Buch „Wanderungen durch den Harz“ so schön beschreibt und Ludwig Richter in seinem bekannten Stahlstich zeigt. Geomantiker schätzen ihre Bedeutung als Kulthöhle auch in unserer Zeit noch sehr hoch ein.

Die Teufelsbrücke bei Obernitz

Als Kultplatz gilt sie nicht, die Teufelsbrücke bei Obernitz, einem Ortsteil der thüringischen Stadt Saalfeld. Da hinken eben die mitteldeutschen Fundorte bei den Esoterikern noch etwas nach. Auch in den Reiseführern wird sie kaum erwähnt, dafür ist sie, wie schon der Name besagt, sagenumwoben, und in der Fachliteratur zählt sie zu den wichtigsten vorgeschichtlichen Fundorten der neuen Bundesländer, zumindest seit 1970. Erst damals nämlich ging man daran, die bizarre Höhlenruine etwa 4 km südöstlich von Saalfeld am Gleitsch über den Saaleauen auszugraben. Bis dahin hatten sich nur Bergleute bei ihrer Suche nach Kupfer und Silber, aber auch Schatzsucher für diese Höhle oder, vielleicht besser gesagt, für deren Überreste interessiert. Für die Wissenschaftler erwies sich das verständlicherweise als schwerer Nachteil, da jeder Quadratzentimeter des Bodens durchwühlt war. Trotzdem kann man nur staunen über die Fülle der Funde, die hier gemacht wurden. So konnten an die 25 000 von Menschenhand bearbeitete Feuersteine geborgen werden, darunter zahlreiche Kleingeräte wie Stichel, Kratzer und Bohrer. Dazu kamen aus Knochen gefertigte Pfeilspitzen, Nähnadeln, Pfriemen, aber auch kleine Kunstwerke. Zu den berühmtesten Stücken zählt dabei der ungemein seltene Überrest einer Speerschleuder aus Rengeweih, der in Form eines Pferdekopfes gearbeitet ist, und vor allem der sogenannte „Heilige Stein“, eine nur 12 cm lange und gut 4 cm breite Steinplatte mit Ritzzeichnungen zweier tanzender Frauen, durchaus schwungvoll in der Linienführung der Gesäße, eines Mammuts, eines Schneehuhns und dreier Wesen, in denen man Geister oder vielleicht auch maskierte Schamanen vermuten kann.

Die Untersuchungen der Funde ergeben ein gutes Bild vom vorgeschichtlichen Leben in dieser Höhle, die sich nach Südosten öffnet und etwa 6 m hoch und 10 m tief war. Auf der Fläche von etwa 90 m^2 bot sie in der Jungsteinzeit um 12 500 v. Chr. etwa 20 Personen Wohnraum. Die Forscher vermuten, daß die Höhle zugleich ein wichtiger Kultraum war und der Jagdgöttin hier Opfer dargebracht wurden. Darauf würde auch die erwähnte Tonschiefertafel hindeuten.

Menhire bei St. Ingbert und Blieskastel

Daß heute schon jedes Kind weiß, was ein Menhir ist, verdankt es dem dicken Obelix, der seine „Hinkelsteine“ durch die Gegend schleppt und manchmal sogar als Waffe gegen

Dank Obelix, dem Gallier aus der Comicserie „Asterix“, kennt heute jedes Kind die Menhire oder „Hinkelsteine“.

die Römer einsetzt. Ganz so niedlich, wie sie in der Comic-Serie erscheinen, waren die Steine in Wirklichkeit allerdings nicht. Der Name „Menhir“ kommt aus dem Keltischen und bedeutet soviel wie „Stein-Lang“. 10–20 m Höhe sind bei Menhiren keine Seltenheit, und erst wenn man eben einem solchen Ungetüm steht und sich wie ein Zwerg vorkommt, gewinnt man den nötigen Respekt vor ihnen; und auch vor jenen Menschen, die diese Steine scheinbar mühelos wie ein Spielzeug in die Erde steckten. Das Hauptverbreitungsgebiet der Menhire liegt in Westeuropa, vor allem in der Bretagne, aber auch in West- und sogar in Mitteldeutschland finden sich stattliche Exemplare. Hier werden sie „Hinkelsteine“ genannt, was wahrscheinlich von Hünensteinen abgeleitet ist, sicher aber nichts mit Hinkeln, also Hühnchen, zu tun hat.

Menhire sind seit nunmehr vier Jahrtausenden Zeugen geheimnisumwobener Kulte. Sie gelten als Kalendersteine, aber auch als eine Art „trigonometrischer Punkte“, die den Priestern zur Orientierung bei ihren astronomischen Untersuchungen dienten. Sie werden als Symbole von Vegetationskulten mit Phalluscharakter angesehen, als Wegemarken für Opferplätze, als Götterfiguren. Die Volksmeinung bringt sie häufig mit keltischen Druiden in Verbindung, doch sind sie in ihrem Ursprung weit älter, wurden später nur manchmal von diesen für ihre Kulte genutzt.

Kein Wunder, daß die Kirche diese gewaltigen Gesellen nicht gerne sah, zumal die Volksmeinung ihnen magische Kräfte im Zusammenhang mit Fruchtbarkeitszauber zuschrieb, wie etwa der Name „Kindlistein“ für den sogenannten „Langen Stein von Tiengen“ am Südrand des Schwarzwalds bestätigt.

Obgleich zahlreiche solcher Menhire im Laufe der Jahrtausende aus vielerlei Gründen zerstört wurden, muß man doch staunen, wie viele übriggeblieben sind, und ein Menhir-Führer durch Deutschland würde immerhin ein kleines Bändchen füllen. Da sind der schon erwähnte „Lange Stein“ mit seiner beachtlichen Höhe von 5,5 m, der zweckentfremdete, weil er vom heiligen Willibrord persönlich in ein Kreuz umgeformt wurde, 3,5 m hohe Menhir Fraubillenkreuz in Rheinland-Pfalz, der Menhir bei Benzingerode oder die Dölauer Jungfrau bei Halle, die einmal 7,5 m hoch war, inzwischen aber 2 m von ihrer Höhe eingebüßt hat, um nur einige besonders schöne und bemerkenswerte Beispiele zu nennen.

Zu diesen gehören sicher auch die nur wenige Kilometer voneinander entfernt stehenden Menhire bei St. Ingbert und Blieskastel im Saarland. So steht in Rentrisch vor den Toren von St. Ingbert der Spellenstein aus der Jüngeren Steinzeit, dessen Spitze, so wird behauptet, auf den Stiefeler Felsen und die dort gelegene Kultstätte des „Teufelsfels“ hinweist.

Noch schöner und in seiner einsamen Majestät jeden Betrachter tief beeindruckend, ist der Gollenstein. Mit 7 m Höhe gilt er als der größte Menhir Mitteleuropas und hat deshalb sogar Eingang in das Guiness-Buch der Rekorde gefunden. Vier Jahrtausende war er unbeschädigt geblieben, bis er im Zweiten Weltkrieg umgelegt werden sollte, um französischer Artillerie nicht als Zielpunkt dienen zu können, dabei stürzte er und zerbrach in drei Teile. Heute ist der Schaden längst behoben, und der wieder zusammengefügte Stein strahlt in alter, scheinbar unversehrter Größe.

Diese beiden Steindenkmäler erhielten erst 1984 einen weiteren Gefährten, als man nördlich davon bei Walhausen im Flurbezirk des „Hinkelsborn“ einen dort im Sumpf versunkenen Menhir entdeckte, der nach Auskunft der Fachleute nicht aus dieser Gegend stammen konnte, sondern wohl schon vor Jahrtausenden dorthin gebracht, aber vielleicht nie aufgestellt worden war. Dank Obelix hat man sich auf den Menhir besonnen und ihn wieder aufgerichtet.

Die Burghöhle von Dietfurt

Wer eine romantische Landschaft sucht, kommt im Donautal zwischen Fridingen und Sigmaringen voll auf seine Kosten. Wer reizvolle Burgen kennenlernen will, hat dort ebenfalls Gelegenheit dazu, und schließlich ist gerade dieser Talabschnitt auch berühmt wegen seiner Höhlen; denn der Fluß hat sich tief in die Albhochfläche eingegraben und dabei sind in dem wahrhaft bizarren Taldurchbruch auch verschiedene Höhlen entstanden, in denen durchwegs vorgeschichtliche Siedlungsspuren entdeckt wurden. Zu den bekanntesten Burgen gehören Werenwag und Wildenstein, zu den Höhlenfundplätzen die Jägerhaushöhle, die Bronnenhöhle, die Franzosenhöhle und einige andere. Die Funde dort belegen steinzeitliche Siedlungen zwischen 8000 und 5000 v. Chr.

Eine besondere Stellung unter den Burgen und Höhlen im Tal nimmt die Dietfurter Burghöhle ein. Man erreicht sie bequem von Sigmaringen aus etwa 6 km westlich unmittelbar an der Donau. Wie die meisten Burgen der Umgebung liegt Dietfurt auf einem pittoresken Felsvorsprung. Die kleine Burg aus dem Hochmittelalter hat eine etwas dubiose Vergangenheit. Ende der zwanziger Jahre hatte sie eine Gruppe des sogenannten Neutemplerordens erworben und sich hier eine Niederlassung eingerichtet, um „Gralsfeiern“ abhalten zu können. Die Nationalsozialisten verboten zwar die Neutempler, bemächtigten sich aber ihrerseits der Anlage und verwandelten sie in ein „germanisches Heiligtum“. Gerüchte über Schätze der Neutempler wollten nicht verstummen und lockten Schatzsucher an, die nach dem Zweiten Weltkrieg monatelang ohne Erfolg in den Ruinen wühlten und unter anderem nach einem vielberedeten goldenen Kegelspiel suchten.

Die seriöse wissenschaftliche Erforschung begann erst seit 1971. Sie galt natürlich nicht der Burg, sondern der unter ihr liegenden Höhle, die auch uns besonders interessiert. Derzeit ist sie wegen der archäologischen Arbeit nicht zugänglich. Sie durchzieht tunnelförmig den Burgfelsen, ihr östlicher Eingang liegt 10 m höher als die Öffnung im Westen schräg unter dem Bergfried. Die 40 m lange Höhle besteht aus drei Räumen, die miteinander durch schmale Gänge verbunden sind. Die Neutempler hatten hier unten eine Kapelle angelegt und diese festlich ausschmücken lassen, ohne sich allerdings um eventuelle vorgeschichtliche Spuren zu kümmern. Die Ausgrabungen von 1971 und seit 1987 brachten dann große Überraschungen, wiesen sie doch nach, daß hier nicht weniger als sechzehn verschiedene Kulturschichten übereinander lagerten, die in fast ununterbrochener Reihenfolge Spuren menschlicher Besiedlung von der letzten Eiszeit um 12 000 v. Chr. bis ins Mittelalter aufwiesen! Es ist ein merkwürdiger Gedanke, daß in dieser Höhle schon die Jäger der Altsteinzeit Unterschlupf suchten. Aber anscheinend diente sie auch für magische Kulte, wie in Schicht zwölf (um 10 000 v. Chr.) der Fund eines ganz offensichtlich skalpierten Schädels beweist. Noch sind die wissenschaftlichen Arbeiten in der Höhle nicht abgeschlossen, aber es ist schon heute klar, daß hier ein bisher viel zuwenig bekannter wichtiger vorgeschichtlicher Fundplatz liegt.

Norddeutsche Hünengräber nach einem Holzstich des 19. Jahrhunderts.

Visbecker Braut und Bräutigam

Ähnlich wie das Königsgrab von Groß-Berssen (s. d.) gehören auch Visbecker Braut und Bräutigam zu den bekannten Großsteingräbern in Deutschland. Sie liegen nicht so eng beieinander, wie es sich eigentlich für ein Brautpaar gehören sollte. Wer die „Braut" besuchen will, fährt von Wildeshausen (westlich von Bremen) in Richtung Ahlhorn, um dann nach etwa 6 km links einen Parkplatz bei der „Braut" zu erreichen, so bequem ist das heute. Zum „Bräutigam" geht es noch ein Stückchen weiter von Ahlhorn bis Engelmannsbäke. Bei diesem Ausflugslokal gibt es ebenfalls Parkplätze, diesmal zum Besuch des „Bräutigams".

Warum die beiden doch ein so erhebliches Stück auseinanderliegen, berichtet die Sage. Einst sollte ein Mädchen aus Großkneten von ihren Eltern gezwungen werden, den Sohn eines reichen Bauern aus Visbeck zu heiraten, den sie überhaupt nicht liebte. Als sie nun am Hochzeitstag mit ihrem Gefolge nach Visbeck zog, wurde ihr Herz immer schwerer, und beim Anblick des Visbecker Kirchturms betete sie zu Gott, er möge sie lieber in Stein verwandeln, als daß sie zu dieser verhaßten Ehe gezwungen werde. Im gleichen Moment wurden sie und ihre Begleiter zu Steinen, aber ebenso der Bräutigam und dessen Hochzeitszug, der ihnen von Visbeck aus entgegenkam. Eine andere, noch reizvollere Fassung der Sage erzählt, die Braut habe einen jungen Mann geliebt, der aber vom Vater wegen seiner Armut zurückgewiesen wurde. Als der Brautzug schon zur Kirche zog, sprach dieser noch einmal den hartherzigen Brautvater an, doch er erhielt nur die Antwort:

„Sie soll nicht werden Dein
und wenn ihr auch werdet zu Stein!"

Was alsbald geschah und eigentlich etwas ungerecht gegenüber dem Visbecker Bräutigam und dessen Leuten war, die ja gar nichts dafür konnten.

Jedenfalls sei es dem Besucher unbenommen, bei den Steinen über die schrecklichen Folgen tyrannischer Entscheidungen nachzudenken. Er sollte darüber aber die Gräber selbst nicht vergessen. Immerhin ist der „Bräutigam“ das größte Steingrab in Deutschland überhaupt. Die eigentliche Grabkammer bildet ein nochmaliges Rechteck von 108 m Länge und 10 m Breite. Am Ostrand steht wie ein Wächter ein zugespitzter Block, in dem die Sage den Bräutigam sehen möchte.

Ringsum liegen noch mehrere andere Gräber wie der „Brautwagen“ mit einem Deckstein von etwa 80 dz Gewicht, die „Großen“ und die „Kleinen Kellersteine“, die „Riesenstube“ und der „Heidenopfertisch“, die Deckplatte eines zerstörten Grabes, auf der man noch die Rinne erkennen möchte, über die das Blut der Opfertiere abgeflossen sein soll.

Wer Zeit und Lust hat, muß nicht umkehren, sondern kann bequem vom „Bräutigam“ zur „Braut“ wandern, die etwas kleiner, 80 m lang und 7 m breit ist und vor allem im Bereich der eigentlichen Grabkammer stärkere Spuren der Zerstörung aufweist.

Das Königsgrab von Groß-Berßen

Glücklicherweise ist das Gebiet am Hümmling im Herzen des Emslandes touristisch nur wenig erschlossen, so daß Besucher an der Straße von Hüven nach Groß-Berßen in aller Ruhe bei den sogenannten Hünengräbern halten können, von denen dort gleich mehrere anzutreffen sind. Das größte und schönste liegt auf einem Sandhügel und gewährt einen so majestätischen Anblick, daß sich die Betrachter schon seit Jahrhunderten einig waren, es müsse das Grab eines Königs sein. Und als „Königsgrab von Groß-Berßen“ ist es auch in die Literatur eingegangen. Unsere besondere Beachtung verdient es darüber hinaus, weil es Archäologen sorgfältig restauriert haben und die Anlage so den Anblick wie vor 4000 Jahren zur Zeit ihrer Entstehung gewährt.

Das „Königsgrab“ gehört zu jenen sogenannten Großsteingräbern, die während der Jungsteinzeit zwischen dem 5. und 3. Jahrtausend v. Chr. in weiten Teilen Europas, vor allem aber im Westen und Norden des Kontinents, errichtet wurden. In Nord- und Nord-

Der Eingang zum Grab von Groß-Berßen.

ostdeutschland soll es an die 10 000 solcher Gräber gegeben haben, heute ist kaum mehr als ein Zehntel erhalten, die meisten wurden zerstört und häufig als Steinbrüche genutzt.

Wir unterscheiden Dolmen- und Ganggräber. Wie schon der keltische Name (Dolmen = Steintische) sagt, besteht bei ersteren die Grabkammer aus mehreren Trag- und ein bis zwei Decksteinen. Bei den etwas jüngeren Ganggräbern sind die Grabkammern größer, konnten oft mehreren Familien als letzte Ruhestätte dienen. In das Grabinnere gelangte man, wie am „Königsgrab" gut erkennbar, durch einen ebenfalls aus Steinplatten angelegten Gang. Grabkammer und Gang wurden mit einem Erdhügel überdeckt, den dann noch einmal eine Einfriedung aus Steinen umgab. Während die Steinkerne bei den meisten Gräbern heute noch mehr oder minder gut erhalten sind, wurden die Erdhügel im Laufe der Jahrtausende längst abgetragen. Bis heute ist es ein Rätsel, wie diese Gräber überhaupt aufgerichtet werden konnten. Wenn die Bautechnik auch keineswegs so aufwendig war wie etwa bei den Pyramiden, so sind es doch in ihrer Art für die Menschen vor 5000 Jahren Meisterleistungen, mußten die oft mehr als 50 dz schweren Platten oft von weither, vielleicht mit Hilfe von Rollen, herbeigeschleppt und aufgerichtet werden.

Kein Wunder, daß man solche Leistungen früher normalen Menschen gar nicht zutraute, sie Riesen zuschrieb und dementsprechend von Hünengräbern, Hünensteinen, Hünenkellern oder Hünenburgen sprach. Immer wieder weiß die Sage wunderliche Einzelheiten über solche Gräber. So heißt es beispielsweise in Bechsteins „Sagenbuch": „... über dem Dorfe Altenhagen liegt auch eine Hünenburg. Der letzte ihrer Bewohner brach sie in Trümmer und wälzte auf sich selbst den größten Stein als Grabdecke ..."

Merkwürdigerweise tauchen solche Hünengräber in den gängigen Kultführern und Büchern über geomantische Plätze nur selten auf. Dabei spielten sie bis ins Mittelalter eine wichtige Rolle in den kultischen Vorstellungen der Menschen. Häufig dienten sie als Thingstätten, an denen Gericht gehalten wurde. Sie galten seit der vorchristlichen Zeit als fruchtbarkeitsfördernd, selbst Ehen wurden auf solchen Hünengräbern geschlossen. Selbstverständlich bringt die Sage sie auch mit Geistern und dem Teufel in Verbindung, auch galten sie stets als Verstecke von Schätzen.

Die Kultstätte von Oberdorla

Bis in die Reise- und Wanderführer hat sich Oberdorla noch nicht herumgesprochen, wohl aber wird es in der archäologischen Fachliteratur hervorgehoben, ist doch die hier entdeckte Kultstätte geradezu ein Paradebeispiel für die Altertumsforscher. Auf alle Fälle lohnt sie einen Besuch, nicht wegen spektakulärer Funde, wohl aber um eine im Lauf von Jahrhunderten gewachsene Anlage in der Natur kennenzulernen. Von Mühlhausen aus sind es nur wenige Kilometer südostwärts, dann erreicht man das von einem Schilfgürtel umgebene abgetorfte Moor mit einem kleinen See. Es ist nicht die einzige Kultstätte in dieser Gegend. Ihr Ausgräber, Professor Günter Behm-Blancke, der sich seit den fünfziger Jahren bemüht, seine Forschungsergebnisse nicht nur der Wissenschaft, sondern auch einem an archäologischen Fragen interessierten breiteren Publikum zugänglich zu machen, spricht von insgesamt 90 Opferstätten im Umkreis dieses Moores.

Die bedeutendste aber ist und bleibt Oberdorla. Hier wurde schon im 6. vorchristlichen Jahrhundert eine Kultstätte errichtet. Behm-Blancke entdeckte aus dieser Zeit das Idol einer unbekleideten Göttin mit einem gravierten Halsring. Derartige Idole tauchen mehrfach an den Kultplätzen Mitteldeutschlands auf, und die Göttin wird uns auch noch einmal im Höhlenheiligtum des Kyffhäusers begegnen. Wahrscheinlich regelte sie die Fruchtbarkeit der Natur und der Lebewesen, erfreute sich besonderer Wertschätzung und wurde dementsprechend mit Opfern bedacht. In Oberdorla verfügte sie über ein Webstuhlgewicht, was wohl eine Verbindung zur weib-

Die großen Frösche an der Kultstätte von Oberdorla haben schon eine gewisse kultische Berühmtheit erlangt.

lichen Arbeit herstellen sollte. Im Zentrum der Kultstätte stand ein aus Muschelkalksteinen errichteter Feueraltar, auf dem, wie die Gefäßfunde beweisen, Speiseopfer dargebracht wurden. In einem danebenliegenden Rundheiligtum erhielt eine andere Gottheit Ziegen als Brandopfer.

Der heutige kleine See muß in der späten La-Tène-Zeit, also im letzten Jahrhundert v. Chr., ganz plötzlich entstanden sein, ein Vorgang, der wohl von den Menschen als göttliches Zeichen bewertet wurde. Demgemäß bildete er auch in der Folgezeit das Zentrum der Kulthandlungen. An seinen Ufern wurden verschiedene neue Opferstätten errichtet. An den Funden läßt sich ablesen, daß die ursprünglich keltischen Gottheiten nun von germanischen abgelöst wurden. So gründeten die Hermunduren am See ein großes Rundheiligtum, in dem gleich mehrere Idole verehrt wurden. Eine besondere Opferstätte an der Nordseite des Heiligtums war, wie ein senkrecht aufgestelltes Schwertidol beweist, dem Kriegsgott geweiht. Waren hier jene Krieger der Chatten geopfert worden, von deren Niederlage in der „Salzschlacht" und schrecklichem Ende Tacitus im XIII. Buch seiner „Annalen" berichtet? Wenn die Schlacht tatsächlich, wie vermutet, in der Nähe von Bad Salzungen stattfand, wäre es durchaus möglich gewesen, daß man die Unterlegenen rund 70 km bis hierher verschleppt hätte, was dem Ort einen zusätzlichen schauerlichen Akzent verleihen würde.

Immerhin gewann der See noch einmal Bedeutung; denn in den ersten nachchristlichen Jahrhunderten wurden hier Donar und eine Göttin verehrt, die etwa der römischen Jagdgöttin Diana entsprach, deren germanischer Name aber nicht bekannt ist.

Opferspuren weisen darauf hin, daß von Oberdorla aus wirtschaftliche Verbindungen bis zu den Römern im Limesgebiet bestanden. In der Völkerwanderungszeit entstanden an der Stelle des Heiligtums der Jagdgöttin im See zwei Schiffsheiligtümer mit Kultschiffen für eine männliche und eine weibliche Gottheit. Professor Behm-Blancke vermutet Zusammenhänge mit den Angelsachsen, die im 5. Jahrhundert in Thüringen auftauchten. Gegen Ende der Völkerwanderungszeit verlor der Kultplatz an Bedeutung. Wahrscheinlich wurde die Anlage durch Brand zerstört. Aber ganz offensichtlich gab die umwohnende nun schon christlich gewordene Bevölkerung die Verehrung der heidnischen Stätte nicht ganz auf; denn die Kirche setzte in Oberdorla eigens einen Erzdiakon ein, um den Ort im christlichen Geiste entsprechend aufzuwerten.

Die Bruchhauser Steine

Für die einen ist die Gegend um Willingen mit den Bruchhauser Steinen ein reizvolles Freizeitgebiet, sei es zum Wandern, zum Klettern oder zum Drachenfliegen. Für die anderen sind die Steine eines der wichtigsten vorgeschichtlichen Zeugnisse in ganz Westfalen.

Tatsächlich kann sich niemand der Faszination ihres Anblicks entziehen, wenn er oberhalb von Bruchhausen bei Brilon im Sauerland erstmals auf einem Bergrücken die vier markanten Felsen erblickt. Ein Besuch lohnt also auf alle Fälle, da man von den hier angelegten Parkplätzen aus reizvolle Wanderungen unternehmen und dabei tatsächlich einen bedeutenden vorgeschichtlichen Fundort und Kultplatz kennenlernen kann. Jeder der Felstürme hat seinen Namen: Feldstein, Rabenstein, Bornstein und Goldstein. Am Bornstein entspringt eine Quelle, was gerade für einen vorgeschichtlichen Kultplatz sehr wichtig ist.

Noch wichtiger aber ist die Tatsache, daß die vier Felsen die Eckpfeiler einer vorgeschichtlichen Wallanlage bilden und untereinander mit Steinwällen verbunden sind, die heute von den Touristen und den Drachenfliegern kaum beachtet werden. Dabei bilden sie die größte Wallanlage des Sauerlandes. Kleinfunde aus der Eisenzeit deuten darauf hin, daß hier möglicherweise zwischen dem 6. und 2. vorchristlichen Jahrhundert ein Felsheiligtum lag. Ob dieses allerdings mit dem bei Tacitus erwähnten Heiligtum der Tamfana (Tanfana) identisch ist, das 14 n. Chr. von Germanicus zerstört wurde und das man auch in der Nähe von Dortmund vermutet, muß wohl dahingestellt bleiben.

In den „Wanderungen durch Westfalen" geben F. Freiligrath und Levin Schücking schon im 19. Jahrhundert eine reizvolle Schilderung der Steine:

„Dicht am Fuße des schroffen Isenberges liegt das Dorf und freiherrlich gaugräfische Gut Bruchhausen, über ihm, den Hang des Berges hinan, die isolierten colossalen Bruchhäuser Steine; wir haben staunend vor den ähnlichen Eggersteinen gestanden, aber sie sind Kinder gegen die ungeheure Moles dieser Felsgebirge; auf viele Stunden weit überragen sie gen Nordosten das Gebirge wie grandiose Warten. Zuhöchst auf dem Gipfel des Isenberges liegt der Feldstein, kleiner als die übrigen und dennoch an seiner schroffsten Seite eine 160 Fuß hohe Wand bildend und über die alten Baumwipfel ragend wie Saul über das Volk Gottes, malerisch durch scharf gezackte und gespaltene Formen. Die Aussicht von ihm gen Norden hin über die Türme von Münster kann nur die Schwäche des Auges beschränken. Tiefer liegt der Goldstein, ein schwerer massiger Donjon, fest und steilauf gemauert, die Bastei dieser Naturfeste; dann der Rabenstein, brockenhaft, ein Stück einer riesigen Ruine, und endlich am tiefsten bergab, fast an der Mitte des ganzen Hanges, der mächtigste der Viere, der Brunnenstein, eine kompacte, aber trümmerhafte Masse. Er ist weniger steil als die übrigen und gibt durch Risse und kleine Flächen dem Fußtritte Raum, daß man ohne Gefahr ihn ersteigen und den Brunnen (eine nahe der Kuppe auf dem Plateau befindliche Höhlung, wo sich das zusammenfließende Regenwasser sammelt und, durch ein Felsendach geschützt, nicht leicht versiegt) beschauen kann. Habichte, Falken und Käuze siedeln in den Klüften der Felsen und steigern durch ihr Gepfeife und lautloses Umkreisen der Zacken den Eindruck des wild pittoresken Bildes."

Der Heiligenberg bei Heidelberg

Nicht immer und überall lassen sich historische Abfolgen und Zusammenhänge von der Vorgeschichte bis in die Gegenwart so schön und deutlich verfolgen wie am Beispiel des Heiligenberges bei Heidelberg. Mit seinen 440 m Höhe ragt er beherrschend am Ausgang des Neckartales in die Rheinebene. Seine Lage hat seit Jahrtausenden die Menschen angelockt, und diese wiederum haben deutliche Spuren hinterlassen. Entsprechend groß ist deshalb auch heute noch das Ansehen des Berges als Kultplatz.

Schon seit der sogenannten Urnenfelderzeit, also seit etwa 3000 Jahren, lassen sich intensive Besiedlungen nachweisen. Rings um den Gipfel zieht sich eine vorgeschichtliche Wallanlage. Sie erreicht zwar nicht die Ausdehnung der großen Wälle etwa auf dem Altkönig im Taunus oder am Heidengraben bei Urach, aber

Oben: Das Kloster auf dem Heiligenberg nach einem Stich von Matthäus Merian in der „Topographia Germaniae“ von 1645.

Links: Die sogenannte „Thingstätte“ auf dem Heiligenberg. Ein Relikt des NS-Germanenkultes.

immerhin sind es zwei Mauern von 1900 und 2900 m Länge, also insgesamt 5 km Wälle, wobei heute noch die 6 – 10 m hohen Steinaufschüttungen deutlich erkennbar sind und von der Wichtigkeit des Platzes zeugen.

Wahrscheinlich galt der Berg schon in dieser Zeit als Kultstätte. Ein keltisches Heiligtum läßt sich allerdings erst seit dem 1. vorchristlichen Jahrhundert dort oben nachweisen. In römischer Zeit trat an seine Stelle ein Merkurtempel, dessen Lage sich heute noch deutlich an den Grundmauern in den Ruinen des Klosters ablesen läßt.

Ob der Heiligenberg auch eine germanische Thingstätte war, kann man nicht nachweisen. Nach dem Willen der NS-Größen jedenfalls sollte der Berg germanisiert werden. Sie ließen einen auch jetzt noch bestehenden „Thingplatz“ anlegen, der mit der historischen Wirklichkeit allerdings nichts gemeinsam hat.

Die katholische Kirche griff die alte Kulttradition schon in fränkischer Zeit auf. 870 gründete Abt Thiotroch von Lorsch auf dem Berg ein Kloster, dessen Kirche dem heiligen Michael geweiht war. Das ist kein Zufall, wurde der streitbare Erzengel doch mit Vorliebe dort als Kirchenpatron gewählt, wo es galt, das neue christliche Heiligtum vor den Gefahren der gerade an dieser Stelle unterlegenen Heidengötter zu bewahren. Heute sind kaum mehr als die gut restaurierten Fundamente von Kloster und Kirche erhalten, die aus der Zeit vom 11. bis 14. Jahrhundert stammen. Damals muß es eine recht stattliche Anlage gewesen sein, wie noch 1645 der Stich von Mathäus Merian in dessen „Topographia“ beweist. Im ausführlichen Begleittext wird dabei von den römischen Funden auf dem Berg berichtet. Auch heißt es: „Es seynd auff diesem Heiligen Berg wunderliche Hölinen/mit Mauren beschlossen/und wie ein Gefängnuß gemacht/zu finden; so man für Römische Gebäu achten thut.“

Daß die heidnischen Kulte aber in christlicher Zeit noch lange nicht aufgegeben hatten und sich auch nicht um das Flammenschwert Michaels scherten, beweisen Sagen, die von regelmäßigen Hexenumzügen auf dem Berg zu erzählen wissen.

Heuneburg und Hohmichele

Nach Möglichkeit sollte man vor dem Besuch der Heuneburg im Kreis Sigmaringen ein Luftbild der Anlage betrachten, um den beherrschenden Platz auf einem Terrassenvorsprung über dem Tal gleich richtig zu erfassen. Der Besuch lohnt, gehört diese Keltenburg doch zu den bemerkenswertesten erhaltenen archäologischen Plätzen in Südwestdeutschland. Der Weg von Hundersingen aus ist nicht schwer zu finden. Kenner haben längst empfohlen, am Morgen, wenn die Nebel noch über dem Donautal liegen, oder am späten Nachmittag kurz vor Sonnenuntergang, wenn die Schatten schon länger werden, zum Burgplateau hinaufzusteigen. Dem Besucher bietet sich ein weiter Blick über das umliegende Land, bei günstigem Wetter sogar bis zur fernen Kette der Alpen. Besser als alle archäologischen Erläuterungen aussagen, erkennt man von hier oben die strategische Bedeutung dieser Burg. Es muß ein mächtiger keltischer Fürst gewesen sein, der sie im 6. Jahrhundert v. Chr. erbauen ließ. Zwar gibt es noch größere Anlagen, aber keine ist so machtvoll ausgebaut wie diese. Wenn der Fürst wahrscheinlich selbst kaum ein weitgereister Mann war, so doch zumindest ein ungemein weltkundiger. Nur Baumeister aus dem Mittelmeerraum konnten die massive Mauer aus luftgetrockneten Ziegeln errichtet haben, die diese Burg schützte. Sie war etwa 3 m breit und wohl bis zu 5 m hoch und in dieser Art und Anlage bis dahin im Gebiet nördlich der Alpen einmalig.

Wahrscheinlich bildete die Burg eine Art Akropolis über einer großen Außensiedlung. Ob der Fürst, der das alles hier geplant hat, die Mittelmeerländer aus eigener Anschauung oder eben nur von Erzählungen her kannte, muß dahingestellt bleiben. Enge Handelskontakte zum Süden besaß er jedenfalls, das beweisen Funde im Burgbezirk, diese belegen auch seinen für damalige Verhältnisse einmaligen Reichtum.

Wie er lebte, können wir auf diese Weise erahnen, wie er starb und wo er beigesetzt wurde, wissen wir nicht, doch bleibt die Vermutung, daß einer der Grabhügel im Westen der Heuneburg seine letzte Ruhestätte bildete. Das „Hohmichele“, wie das wichtigste Hügelgrab schon seit alters her im Volksmund genannt wird, ist mit 14 m Höhe eines der größten in Mitteleuropa, wäre also eine würdige Grablege für einen Fürsten gewesen. Aber als

Vorhergehende Seite: Das Neandertal bei Düsseldorf – ein letztes Stück Naturromantik in einer modernen Industrielandschaft. Bis zur Mitte des 19. Jahrhunderts engten Felsen den Lauf der Düssel ein. Bei Abbrucharbeiten wurden hier jene Knochen freigelegt, die nach langem wissenschaftlichen Streit als die Überreste einer bis dahin unbekannten Urmenschenrasse identifiziert werden konnten.

Die Höhlen der Schwäbischen Alb bergen zahlreiche Funde aus der Steinzeit, und bis heute sind dort noch nicht alle Geheimnisse erschlossen. Zu den berühmten Fundstätten gehören die Ofnethöhle in der Nähe von Nördlingen *(oben)* und die Vogelherdhöhle bei Niederstotzingen *(rechts)*. Ihre einsame Lage reizt die Wanderer zu einem Besuch, die hier einen Blick auf die Lebenswelt der Steinzeitmenschen werfen können.

Die Steinkirche bei Scharzfeld im Harz *(rechte Seite)*, heute ein romantischer Ausflugsplatz, ist ein steinzeitlicher Kultort. Im Mittelalter wurde in der Höhle eine christliche Kirche eingerichtet. Angeblich soll das merkwürdige Gotteshaus schon von Bonifatius im 8. Jahrhundert gegründet worden sein. Ihre Aufgabe behielt die Höhle dann bis ins 16. Jahrhundert.

„Teufelsbrücke“ heißen die markanten Überreste einer Höhle bei Obernitz/Saalfeld am Hang des Gleitsch über der Saale. Untersuchungen haben ergeben, daß sie in der Jungsteinzeit etwa 20 Menschen Lebens- und Wohnraum bot. Die Forscher vermuten, daß sie ein wichtiger Kultort war und hier einer Jagdgöttin Opfer gebracht wurden.

Noch immer beeindrucken die gewaltigen Menhire *(rechts)* in West- und Mitteleuropa den Betrachter. Niemand weiß, wie diese Steindenkmäler aufgestellt wurden und welchem Zweck sie genau dienten. Zu den schönsten dieser Steine in Deutschland gehört der Menhir von Blieskastel im Saarland, mit 7 m Höhe der größte in Mitteleuropa.

Burg Dietfurt im oberen Donautal *(linke Seite)*, westlich von Sigmaringen, birgt ein Geheimnis. Nur die wenigsten Wanderer, die diese reizvolle Gegend besuchen, wissen, daß der Burgfelsen von einer 40 m langen Höhle durchzogen wird, deren drei Räume durch schmale Gänge miteinander verbunden sind und in der sich in 17 Schichten die Spuren menschlicher Besiedlung von der Jungsteinzeit bis zum Mittelalter nachweisen lassen.

Zu den schönsten „Hünengräbern", wie die Großsteingräber im Volksmund genannt werden, gehören die Visbecker Braut *(links)* und der Visbecker Bräutigam *(oben)* in der Nähe von Bremen. Letzterer ist das größte Steingrab in Deutschland, wenn es auch im Laufe der Jahrtausende schon stark gelitten hat. Die merkwürdigen Namen gehen auf eine Sage zurück, die in den Steinen eine verzauberte unglückliche Hochzeitsgesellschaft sehen möchte.

Das sogenannte Königsgrab von Groß-Bersen im Herzen des Emslandes wurde von den Archäologen sorgfältig restauriert und gewährt den gleichen Anblick wie zur Zeit seiner Entstehung vor 4000 Jahren. Es gehört zur Gruppe der Ganggräber, bei der die Grabkammern über einen langen Gang erreicht werden. Der hier offen liegende Gang war ursprünglich wie die gesamte Anlage von einem Erdhügel überdeckt.

Die Kultstätte von Oberdorla in der Nähe von Mühlhausen in Thüringen wurde schon im 6. vorchristlichen Jahrhundert errichtet. Der kleine See dürfte erst im letzten Jahrhundert v. Chr. entstanden sein. An seinen Ufern liegen noch mehrere weitere Kultplätze, deren Zentrum aber die Anlage von Oberdorla bildete. Sie wurde von den Germanen übernommen und in ein Heiligtum des Kriegsgottes umgewandelt.

Die Bruchhauser Steine bei Willingen im Sauerland werden von vier markanten Felsen gebildet, die weithin sichtbar sind. Sie gelten als vorgeschichtliche Kultanlage. Kleinfunde deuten darauf hin, daß hier zwischen dem 6. und 2. Jahrhundert v. Chr. ein von einem Wall umgebenes Felsheiligtum lag. Zweifelhaft bleibt, ob es sich dabei um das von Tacitus erwähnte Heiligtum der Göttin Tamfana handelte.

Das Kloster auf dem Heiligenberg bei Heidelberg, das heute nur noch eine Ruine ist, liegt an der Stelle eines steinzeitlichen Kultplatzes. Es wurde schon 870 gegründet und dem heiligen Michael geweiht, der im Volksglauben besonders tatkräftig heidnische Gottheiten an ehemaligen alten Kultplätzen abwehrte.

Keltische Spuren in Süddeutschland: die Heuneburg *(links)* im Kreis Sigmaringen am Rande des Donautals war einmal die machtvolle Burganlage eines Keltenfürsten. Ob er im nahegelegenen „Hohmichele" *(rechts oben)* seine letzte Ruhestätte fand, ist nicht geklärt, denn die Grabkammer dieses gewaltigen Grabhügels war sehr zur

Enttäuschung der Archäologen bei ihrer Freilegung schon ausgeraubt. Oft bleiben die Spuren der Vergangenheit weitgehend unbeachtet, wie etwa die Reste eines keltischen Ringwalls am Greinberg bei Miltenberg *(links unten)*. Auffallender sind da schon jene „Heunensäulen" *(unten)*, deren Herkunft und Zweck bis heute nicht geklärt ist.

Wo sich heute unmittelbar vor den Toren der Stadt Schleswig eine stille Wiesenlandschaft erstreckt, lag vor tausend Jahren die geschäftige Stadt Haithabu. Sie war ein bedeutendes Handelszentrum der Wikinger, das fast drei Jahrhunderte florierte.

Rechts im Mittelgrund erkennt man die Reste des halbkreisförmigen Walls, der den Bereich der ehemaligen Siedlung, ein Areal von 24 Hektar Fläche, umschloß und nur die Hafenseite am heutigen Haddebyer Noor offen ließ.

In unmittelbarer Nachbarschaft von Haithabu erstreckt sich der älteste Teil des sogenannten Danewerks, der schon 808 von den Dänen als Schutz gegen die vordringenden Franken unter Karl dem Großen errichtet wurde. Das gesamte Befestigungssystem zwischen Schley und Treene ist 17 km lang und wurde noch unter König Waldemar dem Großen im 12. Jahrhundert zusätzlich befestigt.

Hinter dem seltsamen Namen Babilonie verbirgt sich bei Lübbecke in Nordrhein-Westfalen eine uralte Fliehburg, die schon auf germanische Zeit zurückgeht. Berühmtheit erlangte sie durch Herzog Widukind, der hier geboren und gestorben sein soll. Die Bilder zeigen oben die Gesamtansicht und rechts die Reste des Burgwalles.

Rekonstruktionsversuch der Heuneburg.

Archäologen in den dreißiger Jahren endlich die Grabkammer freilegten, mußten sie zu ihrer Enttäuschung feststellen, daß diese schon in der Antike, wahrscheinlich sogar nur wenige Jahre nach der Beisetzung des Toten, ausgeraubt worden war. So hat wahrscheinlich der Erbauer der Heuneburg sein Geheimnis über den Tod und über Jahrtausende hinweg bewahrt. Ein berühmter Fund der letzten Jahre, das keltische Fürstengrab von Hochdorf, das 1978/79 geöffnet und untersucht wurde, läßt uns ahnen, mit welchen Funden und Schätzen die Ausgräber beim Hohmichele hätten rechnen können. Vielleicht ist noch gar nicht das letzte Wort gesprochen, ruht der Keltenfürst noch in einem unbekannten Grab und träumt vom fernen Süden, von dem er sich zumindest ein Stückchen in seine nordische Heimat hatte holen wollen.

Teufelsmauer und Heunensäulen

Der Teufel ist ein fanatischer Baumeister, zumindest wenn man den Sagen glauben darf. Und mit der Zahl der ihm allein in Deutschland zugeschriebenen Bauwerke und Naturdenkmäler würde er schon in das „Buch der Rekorde" eingehen. Was sich nicht erklären ließ, wurde ihm eben kurzerhand untergeschoben. So auch die Überreste der römischen Grenzbefestigung des Limes in West- und Süddeutschland. „Teufelsmauer" nannte sie der Volksmund in der Sage, und im „Geographischen Statistisch-Topographischen Lexikon von Franken" aus dem Jahre 1801 heißt es dazu: „Es habe einst der Satan einen Anteil des Erdkreises von Gott verlangt und dasjenige Stück erhalten, das er, ehe der Hahn krähe, mit einer Mauer umschließen würde; der Teufel habe darauf diese Mauer, die durch die ganze Welt gehe und auf welcher der Ewige Jude, der Christo auf dem Kreuzwege keine Ruhe gönnte, immer um die Welt herumlaufen müsse und alle sieben Jahre wieder auf den nämlichen Platz käme, gemacht; allein ehe er ganz damit fertig war, habe der Hahn gekräht, und der Teufel, aus Wut betrogener Hoffnung, habe das ganze Werk mit Ungestüm über den Haufen geworfen."

Die seit Kaiser Domitian errichtete Grenzbefestigung, die in einer Länge von 382 km als sogenannter Obergermanischer Limes von Rheinbrohl bis Lorch und von dort als 166 km langer Rätischer Limes ostwärts bis Kelheim führt, weist unterschiedliche Bauweisen auf: Der durch Palisaden und einen Graben geschützte Obergermanische Limes wird häufig als „Pfahlgraben" bezeichnet, während beim Rätischen Limes an die Stelle der Palisade eine etwa 3 m hohe und 1 m starke Steinmauer trat, deren Überreste im Volksmund eben den Namen „Teufelsmauer" erhielten.

Wo immer man auf erkennbare Spuren dieser Befestigung trifft, sei es nur ein niedriger Buckel im Gelände, seien es die Reste von Wachttürmen oder gar von Kastellen, nie kann man sich der Faszination dieses Bauwerks im Zusammenhang mit seiner Geschichte entziehen. Die Mitarbeiter der sogenannten Reichs-Limeskommission haben Stück um Stück wissenschaftlich erforscht und genau kartographiert, an einigen Punkten sind bemerkenswerte und heute fremdenverkehrswirksame Rekonstruktionen entstanden, die einen anschaulichen Geschichtsunterricht in der Natur erlauben. Verschiedentlich werden in den Führern zu magischen Kultplätzen gerade im Limesbereich solche Orte genannt, was eben mit der langen Stationierung von Soldaten aus den verschiedensten Teilen des römischen Weltreiches zusammenhängt. Daß die Umgebung der Limes-Kastelle für Überraschungen gut ist, beweist der berühmte Schatzfund von Weißenburg aus dem Jahre 1979.

Bei der Fülle des Bemerkenswerten und Merkwürdigen am Limes bleibt es fast gleichgültig, wo man bei seinem Besuch ansetzt. So in Miltenberg und seiner Umgebung. Die Limes-Führer verweisen auf manche Spuren, denen man bei einem ersten Besuch der Stadt und einer anschließenden Wanderung leicht folgen kann. Auf keinen Fall wird man den „Toutonenstein" im Schloßhof versäumen, einen 5 m hohen Monolithen, der auf dem Greinberg gefunden wurde und dessen geheimnisvolle Inschrift bis heute nicht klar gedeutet ist. Am Greinberg stößt man auch auf die Reste zweier Merkurtempel, von denen der in einem vorgeschichtlichen Rundwall liegende ebenfalls zu den magischen Plätzen gezählt wird.

Am Osthang des nahen Mainbullader Berges trifft man auf die sogenannten „Heunensäulen". Ludwig Bechstein erzählt in seinem „Deutschen Sagenbuch": „Nahe beim Dorfe Bullau auf dem Heunberge ohnweit Miltenberg liegen sieben Heunsäulen beieinander und weiterhin tief versteckt noch zwei. Daran sind noch die Handgriffe, wie die Riesen sie herumgedreht bei der Bearbeitung, und wollten sie brauchen, eine Brücke über den Main zu bauen. Die Säulen bestehen aus rotem Sandstein, sind hier gebrochen, ordentlich behauen mit Handhaben zum Wegschaffen versehen ... Vier davon sind mit Schriftcharakteren bezeichnet, welche indes weder mit nordischen oder deutschen noch sonst bekannten Runen auch nur die geringste Ähnlichkeit haben. Die größte hat eine ziemlich regelmäßige Reihe derselben; bei den anderen ist weniger Ordnung sichtbar."

Bis heute konnten die Säulen aus Buntsandstein, von denen die größte 7,55 m lang und 1,25 m dick ist, in ihrer Herkunft nicht genau datiert werden. Nahm man früher an, sie seien römischen Ursprungs, geht man heute eher von mittelalterlicher Herkunft aus.

Haithabu und Danewerk

Von der „größten Stadt der Wikinger", einem „Welthafen" oder einer „Handelsmetropole" ist in der Literatur über Haithabu die Rede.

Der Busdorfer Runenstein bei Haithabu.

Rudolf Pörtner spricht in seinem Wikinger-Buch vom „kleinen Babylon an der Ostsee“. Das sind gewichtige Worte, und um so mehr mag der Besucher enttäuscht sein, wenn er das erste Mal das Gebiet dieser Siedlung in der Nähe von Schleswig an der Schlei betritt. Sie liegt nur wenige Fahrminuten von der Stadt selbst entfernt am Haddebyer Noor, am bequemsten zu erreichen über die B 76. Wenn man den Wagen am Parkplatz beim Museum stehen läßt, kann man auf ausgeschilderten Wanderwegen die alte Siedlung durchqueren. Man geht durch eine stille, idyllisch anmutende Wiesen- und Weidenlandschaft. Kaum zu glauben, daß hier einmal eine bedeutende Siedlung lag, an die heute nur noch wenige Spuren erinnern, vor allem der baumbestandene, halbkreisförmige Ringwall, den man so schön auf den Luftbildern erkennen kann und der einmal als Verteidigungswall Ort und Hafen umschloß. Haithabu zählt keineswegs zu den magischen Plätzen, eigentlich auch nicht zu den geheimnisvollen. Schon im ersten Drittel unseres Jahrhunderts und dann wieder von 1963 bis 1969 haben die Archäologen, allen voran J. Jankuhn, ausgedehnte Grabungen durchgeführt, die es erlauben, die Siedlung mit dem aus den Quellen längst bekannten Haithabu gleichzusetzen. Trotzdem sind aber erst fünf Prozent der vom Wall umgebenen Fläche untersucht, und so dürfte der Boden also doch noch manches Geheimnis bergen. Haithabu wurde Ende des 8. Jahrhunderts von Wikingern gegründet. In ihrer merkwürdigen Doppelrolle als Seeräuber und Fernhandelskaufleute legten diese skandinavischen Seefahrer hier an der Schlei eine Handelsstation an, die erstmals 804 als Hedeby – die Siedlung auf der Heide – in den Urkunden erwähnt wird. Die ungemein günstige, geschützte Lage erleichterte einen raschen Aufstieg. Bald florierte die Niederlassung, war ein von den schnellen Wikingerbooten gern und häufig angelaufener Handelsort mit Wirtschaftsverbindungen im Ost- und Nordseeraum und bis ins Mittelmeer. Was Wikinger auf ihren Kriegszügen zusammengeraubt oder auf den Handelsfahrten erworben hatten, hier konnte es leicht abgesetzt werden. Neben Handelswaren aller Art, wie Pelzen, Tuchen, Bernstein, Eisen, Gold- und Silberwaren, bildeten vor allem Sklaven ein wichtiges Handelsgut. Skandinavier, Slawen, Angelsachsen lebten hier, viele waren noch Heiden, aber es gab auch schon Christen, die über eine eigene Kirche verfügten. Die Zahl der ständigen Einwohner dürfte etwa 1000 nicht überschritten haben. Das kommt uns heute wenig vor, doch damals war Haithabu eine der größten Siedlungen im norddeutsch-skandinavischen Raum. 250 Jahre lang florierte dieser Umschlagplatz, der sogar eigene Münzen prägte, 948 wurde er Bischofssitz. Der Niedergang setzte Anfang des 11. Jahrhunderts ein, 1066 wurde Haithabu zerstört und danach von seinen Bewohnern verlassen. Das alles und natürlich weit mehr erfährt man im Wikinger-Museum, dessen bedeutendstes Ausstellungsobjekt ein 1979 aus dem Hafen geborgenes,

20 m langes Wikingerboot bildet. Nach der anschaulichen Geschichtslektüre, die hier geboten wird, kann man dann den erwähnten Wanderweg entlanggehen, vorbei an der Hochburg mit ihrem kleinen Gräberfeld. Insgesamt 1500 Gräber haben die Archäologen bisher freigelegt, etwa 12 000 weitere sind bekannt.

Mit dem Auto lohnt sich dann der Abstecher zum Busdorfer Runenstein. Mag dieses Denkmal eines dänischen Königs für einen hier gefallenen Krieger auch nur ein Abguß sein (das Original steht im Museum), so berührt doch das Gedenken über die Jahrhunderte hinweg.

Der Weg führt uns nun zum Danewerk, jenen Verteidigungswällen, die so alt sind wie Haithabu und die schon König Gottfred von Dänemark 808 zum Schutz gegen die Krieger Karls des Großen anlegen ließ. Heute noch ist der Hauptwall stellenweise bis zu 5 m hoch und an der Basis 20–30 m breit, ein Beweis für seine einstige Mächtigkeit. Bei Rotenkrug gibt es sogar noch Reste einer Ziegelmauer, die König Waldemar der Große von Dänemark im 12. Jahrhundert als zusätzlichen Schutzwall errichten ließ.

Die Babilonie bei Lübbecke

Von Lübbecke aus ist der Weg zur Babilonie ziemlich leicht über eine ausgeschilderte Wanderroute zu finden. Wer irgendwelche Zusammenhänge mit dem klassischen Babylonien in Mesopotamien vermutet, wird enttäuscht, dafür erwartet ihn hier ein bedeutendes frühgeschichtliches Denkmal. Es sind die Überreste einer uralten Burg, die schon auf die germanische Zeit zurückgeht, mit ausgedehnten ehemaligen Wallanlagen. Berühmtheit haben sie durch Herzog Widukund, den Wittikind der Sage, erlangt. Hier nämlich soll die Spur seines Lebensweges ihren Anfang genommen haben – und hier endet sie auch wieder. Das scheint Grund genug, um die Überreste der alten Fliehburg zu den merkwürdigen Plätzen der Vorgeschichte zu zählen.

Was der Name Babilonie bedeutet, ist bis heute nicht ganz geklärt. Sie ist auch nicht die einzige Erinnerungsstätte an Wittekind. Der streitbare Sachsenherzog und Gegner Karls des Großen ist so tief im Bewußtsein des Volkes verwurzelt, daß sich ein ganzer Kranz von Sagen um ihn rankt, die wieder auf verschiedene Orte Bezug nehmen. In der Babilonie, so berichtet die Sage, wurde Wittekind geboren, und hier soll tief im Berg noch seine silberne Wiege stehen. Mehr noch, eine weitere Sage weiß sogar, daß Wittekind sich nach einer verlorenen Schlacht samt seinen Leuten und – nicht zu vergessen – auch mit allen seinen Schätzen in das Innere des Berges gewünscht habe. Dort warten zumindest die Schätze noch darauf, in einer Johannisnacht gehoben zu werden.

Wieder eine andere Sage erzählt, daß Wittekind in der Burg tatsächlich gestorben sei. Die „Sattelmeier", wie die Gefolgsleute des Herzogs genannt wurden, brachten den Leichnam nach dem 20 km südlich gelegenen Enger, wo er beigesetzt wurde. Ruhe war dort dem alten Sachsen auch nicht gegönnt, überführte man ihn doch wie eine Reliquie nach Herford. Nach dem Dreißigjährigen Krieg wurde er für eine Zeitlang nach Münster entführt, dann nach Herford zurückgebracht und schließlich 1822 wieder an die ursprüngliche Grablege in Enger zurückgegeben, wo heute noch die Deckplatte des Widukind-Grabmals besonders augenfällig an ihn erinnert.

Wer Enger und die Babilonie bei Lübbecke besucht hat, wird sicherlich nicht versäumen, nur knapp 40 km westlich im Nettetal bei Rulle die „Wittekindsburg" aufzusuchen, die zu den bedeutendsten frühgeschichtlichen Befestigungsanlagen dieses Raumes gehört. Die Archäologen haben sie in den letzten Jahren mit großer Sorgfalt erforscht und sogar Teile der Grundmauern wieder aufgebaut. Die Untersuchungen lassen den Schluß zu, daß diese Wallburg einmal einem mächtigen Grundherrn als Schutzanlage diente. Die Sage hat sie seit alten Zeiten mit Widukind in Verbindung gebracht und wie so manchen anderen Wallrest nach ihm benannt.

Magische Plätze in Deutschland

Es ist heute geradezu Mode geworden, in Deutschland nach „magischen" Plätzen oder Kultorten zu suchen. Von Erdstrahlen, Kraftlinien, Energiefeldern oder Orten des Lichts ist dann die Rede, und moderne Kulte werden propagiert.

Wer auf den folgenden Seiten entsprechende Hinweise in Wort und Bild oder gar Empfehlungen sucht, muß enttäuscht werden. Denn um magische Bezüge zur Gegenwart oder gar um eine Art Reiseempfehlungen geht es nicht, eher schon um Begegnungen mit einer magischen Vergangenheit, die auch heute noch manches Rätsel aufgibt. Die Wissenschaft ist manchmal sehr rasch mit Erklärungen, aber auch mit Verurteilungen zur Hand. Gelehrte runzeln gern die Stirn, wenn von Geheimnissen die Rede ist, haben diese doch in den wissenschaftlichen Systemen unserer so rational geprägten Zeit wenig oder gar keinen Platz. Deutschland besitzt zwar keine so spektakulären Fundorte wie etwa Stonehenge in England, Carnac in Frankreich oder das Hypogäum auf Malta, aber es gibt doch über das ganze Bundesgebiet verstreut eine erstaunliche Zahl kleinerer, durchaus bemerkenswerter Plätze, denen früher einmal kultische oder magische Bedeutung zugeschrieben wurde und die heute noch in einem entsprechenden Ansehen stehen. Dabei bleibt es sich ganz gleich, ob sie mit den Kelten, den Germanen, den Römern oder den Slawen zusammenhängen.

War es Zufall oder Absicht, daß alle diese Völker bestimmte Plätze als Kultstätten auswählten? Sicher gibt es dafür mancherlei Gründe, aber es würde zu weit führen, wollte man alle hier erörtern. Zumindest einer aber läßt sich gerade im Zusammenhang mit diesem Buch leicht aufzeigen. Bei einem Bildband wie diesem mußte natürlich Wert auf bildlich gut faßbare, also bis zu einem gewissen Maß augenfällige Plätze gelegt werden. Genau das aber mag auch in früheren Zeiten eine bestimmende Rolle gespielt haben, einem Ort magischen Charakter zuzuschreiben. Die Menschen waren in dieser Hinsicht ungemein einfühlend und hatten ein weit innigeres Verhältnis zur Natur als wir heute. Aber nicht sie erfaßten die Natur und ihre Erscheinungsformen, sondern sie wurden von ihnen erfaßt. Wir sprechen deshalb auch bewußt von „naturheiligen" Plätzen. Dazu gehörten schon die Eiszeithöhlen, die den vorgeschichtlichen Menschen als Unterschlupf dienten, aber auch schroffe und bizarre Felsformationen, Quellen, Seen und Teiche, natürlich auch einzelne alte Bäume oder ganze Haine, die heute längst verschwunden sind, vor allem aber auch auffallende, beherrschende Berge, von deren Gipfel sich unbehinderte Blicke zum Himmel oder zu einem weiteren Horizont ergaben.

Vorgeschichts- und Kultforscher haben solche Zusammenhänge zwischen der Natur und den Kult- und Opferstätten sehr rasch erkannt und für ihre Untersuchung genutzt. Sicher ist dabei schon viel erforscht worden, doch ebenso sicher harrt noch manches einer Entdeckung und sind manche Zusammenhänge noch nicht richtig untersucht. Das

Zögern und verschiedentlich auch das Unvermögen der etablierten Wissenschaften nutzten Esoteriker, Rutengänger, Strahlenforscher, um ihre eigenen, oft unkonventionellen Untersuchungen zu betreiben. Das aber führte zu Spannungen zwischen beiden Seiten. Wissen, Glaube und Aberglaube bilden heute oft ein unentwirrbares Ganzes.

Wer die folgenden Seiten etwa als Aufforderung für eigene „Forschungen" an den aufgeführten Plätzen oder anderswo nehmen würde, wäre schlecht beraten. Wie bei allen merkwürdigen Plätzen dieses Buches geht es nur um die Begegnung, um ein Aufmerksamwerden. Sicher haben manche Leser bei einer Fahrt auf der „Romantischen Straße" zwischen Dinkelsbühl und Nördlingen die eigenartige Silhouette des Ipf gesehen oder von der Bundesstraße zwischen Bamberg und Lichtenfels den Staffelberg (Staffelstein) in Franken. Aber wer hat schon einmal angehalten und ist hinaufgestiegen auf die Gipfel dieser Berge, die heute noch als Kultplätze gelten? Wer am Kap Arkona auf der Insel Rügen an der Steilküste die Reste des frühgeschichtlichen Burgwalles betrachtet, erfaßt ohne lange Erklärung rein gefühlsmäßig, warum die Slawen ausgerechnet hier ein Heiligtum anlegten. Es mag jedem überlassen bleiben, ob er über solchem Erlebnis von Natur und Kultur oder Kultplatz bei einzelnen Plätzen dann noch „Energieströme" oder ähnliches verspüren will.

Dieses Kapitel über geheimnisumwobene magische Plätze wurde bewußt zwischen die merkwürdigen Plätze der Vorgeschichte und die heiligen Plätze und Wallfahrtsorte eingeordnet, weil sich zu beiden – und selbstverständlich auch zum letzten Kapitel über die Sagenorte – enge Querverbindungen ergeben und einzelne hier behandelte Plätze ebensogut den anderen Gruppen hätten zugeordnet werden können, wie umgekehrt auch. Viele vorgeschichtliche Höhlen wie die Vogelherd- oder die Ofnethöhle gelten als magische Kultplätze und werden in den einschlägigen Führern auch aufgeführt, und ebenso könnten Menhire hier aufgenommen werden, stehen doch gerade sie meistens an ehemaligen Kultorten. Umgekehrt sind das hier behandelte Kap Arkona, der Ipf oder die Tempelburg von Groß-Radern wichtige vorgeschichtliche und daher auch von den Archäologen sorgfältig erforschte Plätze.

Im dritten Kapitel dieses Buches wird ausführlicher davon zu sprechen sein, wie die Kirche alte heidnische Kultplätze übernahm und Traditionen bewußt umfunktionierte. Zwei besonders schöne Beispiele sind dabei die Externsteine und die Klosterburg Oybin. Erstere zählten wohl schon zu den vorgeschichtlichen Kultplätzen und gelten heute noch als christlicher Wallfahrtsort. Der Oybin dürfte ebenfalls schon ein alter Opferplatz gewesen sein, diente später als Burg und wurde schließlich in ein Kloster umgewandelt.

Eine Sonderstellung nimmt in unserer Übersicht das Aachener Münster ein, das seit Ende der siebziger Jahre als „Astronomie in Stein" oder „modernes Stonehenge" – wie immer man es auch nennen mag – die Aufmerksamkeit der Kultforscher erregte. Ob sich die Richtigkeit ihrer Untersuchungen jemals nachweisen läßt, mag dahingestellt bleiben, aber eine Beschäftigung damit lohnt sich zumindest ebenso wie mit manchem Kultplatz in der Natur.

Die Externsteine im Teutoburger Wald

Die Literatur über die Externsteine im Teutoburger Wald füllt heute schon eine kleine Bibliothek, und doch gilt immer noch ein Satz, den Levin Schücking schon 1842 in dem Buch „Das malerische und romantische Westphalen“ schrieb: „Es ist unendlich viel über sie gefabelt und geschrieben worden …“, und wenn man bedenkt, daß das 1980 erschienene Standardwerk von M. Mundhenk „Forschungen zur Geschichte der Externsteine“ vier Bände umfaßt, kann man sich vorstellen, wie komplex die Materie ist.

Man erreicht die Externsteine bequem von Detmold aus, 10 km südlich, nahe der B 1. Zu nahe, möchte man gern sagen, denn schon der riesige Parkplatz läßt Schlimmes ahnen. Tat-

Schon im 19. Jahrhundert waren die Externsteine ein beliebter Ausflugsort.

Relief der Kreuzabnahme an den Externsteinen. Es zeigt rechts mitte die gestürzte Irminsul.

sächlich sollen an manchen Tagen bis zu 50 000 Besucher kommen, um das Naturdenkmal zu bewundern. Ohne Zweifel wird sich dabei kaum jemand der Faszination dieser pittoresken Sandsteinfelsen entziehen können. Vollends bei Nebel oder Regen wirken sie geradezu unheimlich. Man ist von vornherein geneigt, in den Steinen einen uralten, magischen Kultplatz zu sehen. Aber genau da beginnen eben die Probleme. Ein stichhaltiger Beweis für diese Kultplatztheorie wurde trotz aller Forschungen bisher nicht erbracht. Nach den Erfahrungen mit vorgeschichtlichen Heiligtümern kann und mag man nicht glauben, daß die so geheimnisvoll aufragenden Felsen nicht auch schon in früheren Zeiten Menschen angezogen haben sollen, zumal in ihrer Umgebung bedeutende germanische Wallburgen und Siedlungen lagen. Deshalb wird vermutet, bei der Felsengruppe könne es sich sogar um das zentrale germanische Heiligtum für den gesamten Raum handeln. Die Vertreter der Vorgeschichtstheorie stützen ihre Auffassung nicht zuletzt auf das Vorhandensein des sogenannten Sacellums, einer merkwürdigen kleinen Höhlenkapelle in einem der Felspfeiler, die man heute nur über eine Brücke erreichen kann. Allein die Lage so hoch oben bleibt merkwürdig und deutet auf einen besonderen Charakter der Anlage hin. Die kreisrunde Fensteröffnung erlaubt nicht nur einen kilometerweiten Blick über die Landschaft zum Horizont, sondern diente ganz offensichtlich auch kultisch-astronomischen Aufgaben, da man von ihr aus die aufgehende Sonne am 21. Juni und den nördlichsten Mondaufgang des Jahres beobachten kann. Kultforscher weisen in diesem Zusammenhang auch darauf hin, daß die Externsteine auf dem gleichen Breitengrad wie das Steinheiligtum von Stonehenge in England liegen.

Die Gegner der Vorgeschichtstheorie schreiben die Anlage erst christlichen Mönchen des 11. Jahrhunderts zu. Sicher geht auf sie das Relief der Kreuzabnahme am ersten Felsen zurück. Doch auch dieses gibt den modernen Forschern noch manche Rätsel auf. Zum einen besteht es aus zwei Teilen, von denen der untere offensichtlich von einem anderen Bildhauer geschaffen wurde und ein Paar zeigt, das von einem Drachen umschlungen wird, in dem einige Forscher die Weltschlange sehen möchten, während andere von Adam und Eva und der Schlange sprechen. Zum anderen fällt jedem Betrachter ein merkwürdiges Gebilde unter dem Kreuz auf, das einer gebrochenen Pflanze ähnelt. Soll es das germanische Idol der Irminsul und deren Unterwerfung unter den christlichen Glauben symbolisieren? Das wiederum könnte auf ein ehemals germanisches Heiligtum hindeuten, ebenso die Tatsache, daß eine 50 t schwere Steinplatte am Fuß des Felsens wohl ursprünglich zur Kapelle gehörte und bei der Zerstörung durch Mönche heruntergeworfen wurde.

Natürlich gibt es auch mehrere Sagen über die Externsteine. Die originellste, die ein Chronist überliefert hat, berichtet, daß der Teufel nach der Christianisierung die Anlage zerstören wollte und dabei auch jenen Stein nach den Mönchen geworfen habe, der heute noch so auffallend auf dem dritten Felsen oben hängt, lange Zeit gefährlich wackelte, jetzt aber gesichert ist.

Kein Wunder, daß die Steine nicht nur die Archäologen und die Touristen, sondern auch Kultforscher, Geomanten und Esoteriker anlocken. Auch die Nationalsozialisten hatten sie als die wichtigste germanische Kultstätte propagiert, und Himmler persönlich übernahm den Vorsitz über eine eigene Externstein-Stiftung. Auch im engeren Umkreis um die Felsen gibt es weitere magische Plätze wie etwa das sogenannte Steingrab unterhalb des ersten Felsens am See, das eine Nachbildung des Heiligen Grabes sein soll, für andere aber einen Einweihungsplatz mit energetischen Strömen darstellt.

Der Ipf in Schwaben

Zu den geologisch interessantesten und zugleich merkwürdigsten Gebieten in Deutschland gehört das Ries im nördlichen Schwaben an der Grenze zwischen Bayern und Baden-Württemberg. Der fast kreisrunde Kessel mit einem Durchmesser von etwa 24 km entstand vor rund 15 Millionen Jahren durch den Einschlag eines Meteors in die Erdoberfläche. Das innere Becken und die Ränder gehören zu den ältesten Siedlungsgebieten Deutschlands. Dementsprechend zahlreich sind die Funde aus der jüngeren Steinzeit, der Bronze- und Eisenzeit. Wer auf der sogenannten „Romantischen Straße“ das Ries durchquert, erblickt im Westen den Ipf, der wie ein Tafelberg aussieht, beim näheren Heranfahren sich aber als abgeflachter Kegel erweist. Sein merkwürdiges Aussehen verdankt er nicht der Natur, sondern Menschenhänden. In wohl jahrelanger Arbeit wurde in der frühen Bronzezeit der Gipfel abgetragen und auf dem so entstandenen künstlichen Plateau etwa 210 m hoch über der Talsohle eine mächtige Befestigungsanlage geschaffen. Man muß nicht erst Kultplatzführer lesen, um zu spüren, daß von diesem Berg etwas Magisches ausgeht. Er zieht die Touristen geradezu an, und selbst wer nach alter Maxime lieber die Wirtshäuser von innen und die Berge von unten betrachtet, möchte gern zum Gipfelplateau hinaufsteigen. Er sollte es an einem Werktag tun; denn an den Wochenenden ist es vorbei mit Geschichte und Magie, dann wird der Berg zum lauten Paradies und Übungsgebiet für die Modellflieger. An klaren Werktagen kann man aber dort oben auf der kahlen Hochfläche, auf der meistens der Wind weht, manchmal sogar pfeift, die Einsamkeit und einen herrlichen Rundblick über den nahen Albtrauf und den Riesenkessel genießen. Deutlich erkennbar sind die vorgeschichtlichen Anlagen, die sich in mehreren Wellen um den Berghang ziehen, oben bestehend aus zwei Ringwällen, die nach Osten hin durch einen Zwischenwall zusätzlich abgesichert sind.

Vorgeschichtliche Ringwälle auf dem Ipf.

Noch gibt die Anlage den Archäologen manches Rätsel auf. Stichprobenartige Untersuchungen im vorigen Jahrhundert haben in den Erdwällen Steinmauern mit Holzeinbauten nachgewiesen. Dabei sind aber die Kenntnisse schon stehengeblieben, eine genaue zeitliche Zuordnung und Einzelheiten über die Besiedlungsphasen lassen sich nicht aussagen, ebensowenig über die Nutzung des Berges als Kultplatz. Trotzdem steht er hier in einer bemerkenswerten Tradition. Kultforscher weisen darauf hin, daß seit dem Mittelalter bis zum Ende des 18. Jahrhunderts auf dem Gipfel der „Ipftanz“ abgehalten wurde, eine seltsame Mischung aus religiösem und weltlichem Fest. Er wurde im 19. Jahrhundert abgelöst durch die „Ipfmesse“, die heute in Bopfingen am Fuß des Berges stattfindet, und neuerdings hört man, daß eine Frauengruppe am Gipfel ihre Jahresfeste und kultische Zusammenkünfte abhalten soll.

Interessanterweise hat der Ipf im Goldberg einen nahen Nachbarn als vorgeschichtlichen Siedlungs- und Kultplatz. Man erreicht diesen bequem, wenn man von Bopfingen aus auf der B 29 am Ipf vorbei weiter in Richtung Nördlingen fährt, bei Pflaumloch nach links abbiegt und hinter dem Ortsausgang auf einem Feldweg zu dem heute von Steinbrüchen zerfressenen Kalkfelsen hinaufsteigt. Als Kultplatz hat er nicht die gleiche Attraktivität wie der Ipf. Besondere Schätze, von denen die Sagen berichten, sind bei den Steinbrucharbeiten auch nicht zutage getreten. Im Gegensatz zum Ipf wurden hier aber ausgedehnte Grabungen durchgeführt, die fünf Siedlungsperioden in der Jungsteinzeit und in der Bronzezeit nachgewiesen haben. Ein Gebäudekomplex am Nordrand auf dem höchsten Punkt des Plateaus wird als „Herrensitz“ gedeutet. Unwillkürlich drängt sich für den Besucher ein Vergleich mit dem fernen Tiryns in Griechenland auf, dessen Kalksteinhügel ja ähnlich aus der Ebene herauswächst und der ja auch einmal den Platz für einen, wenn auch weit mächtigeren Herrensitz bot.

Der Staffelberg in Franken

In unmittelbarer Nachbarschaft und Sichtweite zur Wallfahrtskirche Vierzehnheiligen liegt der Staffelberg, nach seinem westlichen Steilabfall auch Staffelstein genannt. Er gilt nicht nur als ein Wahrzeichen Frankens, das ja eigens auch in dem schönen alten Frankenlied Viktor von Scheffels genannt wird, sondern auch als heiliger Berg. Die Archäologen zählen ihn zu den wichtigsten Fundplätzen in Bayern, er ist von zahlreichen Sagen umwoben, und die Kultforscher haben ihn längst ebenfalls als wichtigen magischen Ort erkannt und für sich requiriert.

Mit seinen 539 m Höhe und seiner bizarren, auffallenden Form lockte er schon immer die Menschen an. Auf dem von der Natur geradezu für diesen Zweck geschaffenem Gipfelplateau, das immerhin 3 m lang und 100 m breit ist, hatten sich schon Ende der Steinzeit erstmals Menschen angesiedelt. In der Bronzezeit wurden dann die ersten Befestigungen angelegt. Die eigentliche Blüte der Siedlung setzte aber erst im 3. vorchristlichen Jahrhundert ein. Damals entstand auf dem Bergplateau ein großes keltisches Oppidum, eine von Mauern umgebene Stadt. Vieles deutet darauf hin, daß es sich um das bei dem griechischen Geographen Claudius Ptolemäus erwähnte Menosgada handelt. Auf dem Plateau kann man heute ein wiederaufgerichtetes Stück der Stadtmauer sehen. Nach dem Niedergang dieses Oppidums setzte eine Unterbrechung in der Besiedlung ein, und erst um 400 n. Chr. bauten Germanen eine Burg, die zu einem Zentrum der spätgermanischen Besiedlung Oberfrankens wurde.

Es ist fast mit Sicherheit anzunehmen, daß auch ein wichtiges, zur Stadt gehörendes keltisches Heiligtum auf dem Staffelberg lag. Ob die Germanen die Tradition fortsetzten, ist nicht bekannt. Bemerkenswert bleibt jeden-

Der Staffelberg und das Kloster Vierzehnheiligen auf einem Stahlstich des 19. Jh. nach einer Zeichnung von L. Richter.

falls, daß offensichtlich schon im frühen Mittelalter hier eine christliche Kultstätte mit einer der heiligen Adelgundis geweihten Kapelle entstand. Die Heilige war eine merowingische Prinzessin, die um 670 als Gründerin und Äbtissin des Klosters Maubeuge in Flandern gewirkt hatte. Sie gilt als Schutzheilige gegen Augenleiden und Krebs. Wie sie sich nach Franken verirrt hat, ist nicht geklärt, aber ihre Verehrung auf dem Staffelberg geht jedenfalls schon auf karolingische Zeit zurück. Die erste Kapelle läßt sich nicht datieren, sie wurde 1525 im Bauernkrieg zerstört, 1658 neu aufgebaut. Es bleibt erwähnenswert, daß nach einer Sage die Heilige selbst in den Ruinen ein paar Bauern erschienen sei und durch eine Geste die Heiligkeit des Ortes betont habe, worauf man an der alten Stelle das heutige Kirchlein errichtete, das wohl offensichtlich auf einen alten Kultplatz fixiert ist.

Die Sage erklärt auch ein Bild über dem Seiteneingang der Kapelle, das einen Raben darstellt, aus dessen geöffnetem Schnabel Sand rieselt: Man habe beim Neubau der Kirche mühsam Baumaterial und Wasser aus dem Tal heraufschleppen müssen. Da beobachtete ein Maurer einen Raben, der an der Baustelle Sand aus seinem Schnabel rieseln ließ. Er folgte ihm daraufhin und sei zum „Querkelesloch“, nur wenig unterhalb der heutigen Kapelle, gelangt, wo man auf dem Boden der Höhle einen guten Sand entdeckte, der fortan bequem herangebracht werden konnte. Aus Dankbarkeit habe man den Raben dann an der Kirche verewigt. Das klingt weit schöner als der nüchterne kunstgeschichtliche Hinweis, daß es sich bei dem Vogel offensichtlich um das Wappentier des Pankratz von Rabenstein handele, eines Bamberger Domherrn, der im 16. Jahrhundert einmal Inhaber der Pfarrei Staffelstein war.

Die Wallfahrt zur Adelgundiskapelle florierte das ganze Mittelalter hindurch, vor allem in der Nacht zum Karfreitag stiegen Tausende auf den Berg, viele sogar barfuß; denn der Weihbischof Melchior Söllner hatte, wie ein Gedenkstein unterhalb der Kapelle anmerkt, 1654, „hingerissen von der Majestät der Gottesnatur“, ausgerufen, er sei nicht würdig, diesen heiligen Berg mit Schuhen zu betreten, und sei barfuß hinaufgestiegen. Mit der wachsenden Konkurrenz des benachbarten Vierzehnheiligen ging die Wallfahrt allmählich zurück, nicht aber die Vorliebe für den Berg, der heute noch viel aufgesucht wird. Eine Erinnerung an den heiligen Veit, den Scheffel in seinem Lied erwähnt, wird man allerdings vergeblich suchen; denn der gehört auf den südlich gelegenen Veitsberg. Der Dichter hatte nur die Adelgundiskapelle mit der dortigen Veitskapelle verwechselt!

Der Mummelsee im Schwarzwald

Es gibt Orte, die lernt man häufig durch Bücher – also durch das Auge eines anderen – kennen und erst danach durch persönlichen Augenschein. Der Mummelsee im Schwarzwald gehört dazu, weil man sich bei der Nennung dieses Namens gleich an Grimmelshausen und seinen Roman „Simplicius Simplizissimus“ erinnert. Heute erreicht man ihn bequem, indem man auf der Schwarzwaldhochstraße von Bühlerhöhe aus südwärts fast bis an sein Ufer fährt. Leider, muß man schon sagen; denn seit die Straße gebaut ist, ist es auch vorbei mit Einsamkeit und Ruhe an dem in 1036 m Höhe so wunderschön gelegenen eiszeitlichen Karsee. Früher einmal, als man den See nur mühsam zu Fuß erreichen konnte, war das ganz anders. Dafür mag eben der Dichter Hans Jacob Christoffel von Grimmelshausen (1602–1676) als Kronzeuge dienen, läßt er doch seinen berühmten Simplicius den See besuchen, den der Dichter also selbst gekannt haben muß: „Wir wanderten miteinander über Berg und Tal und kamen zu dem Mummelsee, ehe wir sechs Stunden gegangen hatten, denn mein Petter war noch so wohl zu Fuß wie ein Junger. Wir verzehrten daselbst, was wir von Speis und Trank mit uns genommen, denn der weite Weg und die Höhe des Bergs, auf welchem der See liegt, hatten uns hungrig gemacht. Nachdem

Der Mummelsee mit toten Drachen. Kupferstich aus Athanasius Kirchers „Mundus subterraneus" von 1678.

wir uns aber erquickt, beschaute ich den See ... Da fing die Luft an, den Himmel mit schwarzen Wolken zu bedecken, in welchen ein grausames Donnern gehört wurde; also daß mein Petter, welcher jenseits des Sees bei dem Auslauf stand, mir zuschrie, ich solle doch salvieren, damit uns der Regen und das schreckliche Wetter nicht ergreife ..."

Grimmelshausen erzählt von Kobolden und Wassermännlein, die seinem Helden begegneten. Er hat sich diese Begegnung keineswegs aus den Fingern gesogen, galt der See doch damals als bevorzugter Sitz von Erd- und Wassergeistern. Den detaillierten Angaben der Sage entsprechend, lebten im Wasser Seemännlein und Seeweiblein, die ein recht gutes Verhältnis zu den umwohnenden Bauern hatten. Da sie aber sehr scheu waren, ist anzunehmen, daß der moderne Touristenrummel sie längst vertrieben hat. Seejungfrauen und Nixen tauchen dann erst im 19. Jahrhundert auf. Hier partizipierten ähnlich wie bei der Loreley die Romantiker an den alten Überlieferungen. Da das kleine Volk im See nicht attraktiv genug war, verwandelten sie es in Seejungfrauen, über die ein grimmiger Seekönig herrschte. So jedenfalls sieht es Jakob Götzenberger auf seinem Fresko in der Trinkhalle in Baden-Baden. Und vom Tode des Seekönigs und dem Totentanz der Nixen singt auch Eduard Mörike in seiner Ballade „Die Geister am Mummelsee".

So reizvoll alle diese Sagengestalten auch sein mögen, das eigentlich magische Wesen des Sees machen sie nicht aus. Das liegt nicht in seinen Bewohnern, sondern in seiner Natur begründet. Auch Simplicissimus erfährt von der Unergründlichkeit des Wassers durch die Erzählungen der Schwarzwaldbauern. Darüber berichtet auch 1791 Röders „Lexikon von Schwaben", in dem es heißt: „Die nahewohnenden Seebacher haben schon öfter die Tiefe des Sees mit Seilen messen wollen, aber keinen Grund gefunden. Die Tiefe des Wassers läßt sich daraus schließen: Wenn Steine von großem Gewicht hineingewälzt werden, so entsteht nach einer halben Minute eine Blähung des Wassers mit einem Getöse, das dem siedenden Wasser gleicht. Da, wo der Stein gesunken, wirft es sich einen Fuß hoch auf und braust wie kochendes Wasser. Das dauert vier bis fünf Minuten." Frevelhafte Steinwürfe, das wußte schon Grimmelshausen, können schwere Unwetter auf dem See auslösen, und der gelehrte Jesuit Athanasius Kircher, ein Zeitgenosse Grimmelshausens, schrieb in seinem Werk „Mundus subterraneus": „Wir kamen, nachdem wir mühsam wie die Ziegen geklettert waren, zu einem von dunklen Fichtenwäldern umsäumten See, voll pechschwarzen Wassers. Dieser See hat und duldet keine Fische, und wenn man welche hineinbringt, wirft er sie wieder aus wie das Meer die Leichen. Ja nicht einmal den Teichfrosch oder den Wasserläufer nährt dieser gänzlich unfruchtbare See in seinen traurigen Wellen. Nur einige große und scheußliche Kröten habe ich angetroffen – und auch die waren verendet. In dem Gewässer aber lebten zahlreiche, etwa spannenlange Tierchen, die Salamandern oder Steinechsen stark ähnelten."

Der Druidenstein bei Nürnberg

Geomanten, Wünschelrutengänger und Esoteriker schwören auf den Druidenstein bei Nürnberg. Zeitungsartikel bezeichnen den Ort als magischen Kraftplatz. Ein Führer zu magischen Plätzen in Deutschland vermerkt geheimnisvoll: „Da dieser Ort ein sensibler Kraftplatz ist, mache ich bewußt keine genaueren Ortsangaben. Wer meint, daß dieser Druidenstein für ihn geeignet ist und umgekehrt, der wird ihn auch zu finden wissen."

Geheime Kräfte oder Erdstrahlen benötigt man dazu nicht, sondern nur einen Wanderführer für das Gebiet rund um die alte Reichsstadt und eine Wanderkarte. Im Register des Führers ist der Druidenstein dann bestimmt

Nur noch eine Gedenktafel erinnert an den zerstörten Druidenstein bei Nürnberg.

vermerkt, da er zu den reizvollen Wanderzielen gehört. Man erreicht ihn von Cadolzburg oder Langenzenn aus, erst mit dem Auto, dann vom Wanderparkplatz auf einem Fußweg hinauf zum Dillenberg. Es ist ein romantischer Aufstieg durch ein ehemaliges, jahrhundertealtes Steinbruchgebiet, wo allein schon die manchmal bizarren Felsbrocken und die Strukturen an den Steinen die Phantasie anregen. Oben auf der Berghöhe erwartet den Wanderer dann eine Enttäuschung; denn der sagenumwobene Druidenstein selbst ist längst verschwunden, vor fast 100 Jahren abgetragen worden. Nur ein Gedenkstein erinnert noch an ihn, und der Führer vermerkt knapp, daß hier einmal ein riesiger Sandsteinblock von 80 m^3 lag. Seine obere Platte mit einer Länge von 7 m und einer Breite von 5 m wies eine lange Mulde auf, die man einmal für eine heidnische Opferschale und den gesamten Block deshalb für einen keltischen oder germanischen Altar hielt. Aber er sei nur ein einmaliges Naturdenkmal gewesen, liest man da und läßt sich nicht ungern von gewissen Zweifeln plagen; denn schließlich verschwand der Block als die Vorgeschichtsforschung noch in den Kinderschuhen steckte. Immerhin liegt in der Nähe noch ein Hügelgrab aus der Hallstattzeit, und die gleichen Vorgeschichtsforscher, die den „Altar" in das Reich der Fabel verweisen, vermuten, daß auf dem Dillenberg eine vorgeschichtliche Befestigung lag, die wohl mit einem Palisadenzaun umgeben war. Wenn das stimmen sollte, könnte man dem „Druidenstein" schon eine kultisch-magische Funktion zubilligen. Die Sage allerdings weiß es ganz anders; denn für sie hatte der Block nichts mit keltischen Priestern zu tun, sondern war von Hexen und Druden, also von Nachtgeistern, durch die Luft geschleppt und beim ersten Hahnenschrei ausgerechnet hier fallen gelassen worden. Auch heute noch, erzählt sie weiter, sollen Hexen das Gebiet des Druidensteins als Tanzplatz nutzen.

Kap Arkona auf Rügen

Ganz gleich, ob man den Blick über die Landschaft am Kap Arkona an der Nordspitze der Insel Rügen von oben hinaus auf die Ostsee oder vom Strand unten hinauf zu den steilen Kreidefelsen genießt, stets ist er beeindrukkend, und man kann nur die Menschen bewundern, die vor vielen Jahrhunderten mit sicherem Gespür für den Zuspruch der Natur und die magischen Zusammenhänge ausgerechnet hier einen wichtigen Kultplatz anlegten.

Heute sind von der Jaromarsburg, der alten slawischen Tempelburg, nur noch Teile des 8-10 m hohen Burgwalls erkennbar. Der eigentliche Tempel des slawischen Gottes Swantewit ist längst von der Ostsee verschlungen, gleichsam als habe sich der Gott selbst sein Eigentum ins Nichts geholt. Und trotzdem ist er für jeden Touristen, der ein Gespür für Geschichte und Kult besitzt, auch heute noch in der Landschaft gegenwärtig.

Die slawischen Ranen, die das Heiligtum der Jaromarsburg erbaut haben, siedelten etwa seit 600 n. Chr. auf der damals fast menschenleeren Insel. Im 10. Jahrhundert errichteten sie am Kap Arkona ihre Hauptburg, in der auch ein prunkvoller Tempel aus Holz stand, in dem das Standbild ihres Hauptgottes verehrt wurde. Wir verdanken es einem seltenen Glücksfall, daß wir über dieses verschwundene Heiligtum und den hier ausgeübten Kult genauer Bescheid wissen; denn der dänische Priester und Chronist Saxo Grammaticus, der Ende des 12. Jahrhunderts lebte, hat in seiner Geschichte der Dänen ausführlich darüber berichtet. Der Tempel lag hinter einer hölzernen Einzäunung auf einem Plateau inmitten der Burgsiedlung. Ein einziger Eingang führte in das Innere, dessen Wände mit prächtigen Vorhängen geschmückt waren. „Hier im Innersten stand das Götzenbild, eine riesige Holzfigur, weit über Menschenmaß, mit vier Köpfen und vier Hälsen, die nach den vier Himmelsrichtungen sehen. Der Bart war so rasiert und das Haar so geschnitten, wie die Rugier es für gewöhnlich tragen. In der Rechten hielt die Figur ein Trinkhorn, aus verschiedenen Metallen gebildet. Das hat der Priester jedes Jahr neu zu füllen und weissagt aus dem, was im Lauf des Jahres verschwunden ist, auf die kommende Ernte. Der linke Arm war in die Seite gestemmt, so daß er einen Bogen bildete. Der Rock reichte bis zu den Schienbeinen, die, aus verschiedenem Holz gebildet, so fein in die Knie eingezapft waren, daß man die Fuge nur bei genauem Zusehen erkennen konnte. Die Füße standen dicht auf dem Boden, ihre Basis ging in die Erde hinein. Nicht weit von der Statue hingen Zaum, Sattel und andere Ausrüstungsstücke der Gottheit, darunter das ungeheure Schwert, dessen Scheide und Griff in Silber schön verziert waren."

Die Aussage Saxos wird ergänzt durch eine Schilderung eines anderen Chronisten, von dem wir erfahren, wie in diesem Tempel über Krieg und Frieden entschieden wurde: „War nämlich beschlossen, gegen irgendein Gebiet Krieg zu führen, so pflegte man mit Hilfe der Tempeldiener eine dreifache Reihe von Lanzen vor dem Tempel anzuordnen, in jeder wurden je zwei mit den Spitzen in die Erde gesteckt und gegeneinander verschränkt. Die Reihen waren durch gleiche Entfernung von-

Rekonstruktion der slawischen Tempelburg auf Kap Arkona (nach Leube).

einander getrennt. Während das geschah, wurde nach einem feierlichen Gebet das Roß des Gottes vom Priester aus der Vorhalle gezäumt herausgeführt. Falls es die vorgesetzte Reihe eher mit dem rechten als mit dem linken Fuß überschritt, wurde das als günstiges Vorzeichen des zu führenden Krieges angenommen; wenn es aber auch nur einmal den linken dem rechten vorsetzte, so wurde die Absicht über das anzugreifende Gebiet geändert, und nicht eher wurde ein Schiffsunternehmen als sicher vorbestimmt bezeichnet, als bis hintereinander drei Spuren des besseren Auftritts geschehen waren."

Entsprechend der kultischen und letztlich politischen Bedeutung des Tempels wurden dort auch prächtige Feste abgehalten. So begann das Erntefest mit einem Schmaus. „Dabei galt es als ehrfürchtig, die Nüchternheit hintanzusetzen, sie zu wahren galt als Unrecht." Aber das tolle Gelage täuschte. Bei den zu solchen Festen üblichen Opfern wurden nicht nur Tiere, sondern offenbar auch Menschen geopfert.

Das Ende des berühmten Tempels kam 1168, als der dänische König Waldemar die Jaromarsburg eroberte. Er ließ das uralte Bild des Gottes mit einem Strick um den Hals mitten durch das Heer schleppen und nach dieser letzten Demütigung in Stücke hauen. Das von ihm begonnene Zerstörungswerk der Tempelburg setzten im Laufe der Jahrhunderte die Ostseewellen fort. 1921 versuchte der Archäologe Carl Schuchardt, den Spuren nachzugehen, und glaubte auch, die Fundamente des Tempels am Strand lokalisiert zu haben, doch vermutet man dessen Lage heute etwas weiter ostwärts davon in einem völlig vom Meer überschwemmten Gebiet.

So müssen wir vielleicht etwas unbefriedigt von diesem Platz Abschied nehmen und uns mit der Sage begnügen, daß die ehemalige Stadt zuweilen kurz vor Sonnenaufgang aus dem Meer steige und wie ein Nebelbild über der Oberfläche sichtbar werde.

Der Hohe Meißner – Berg der Frau Holle

Von der Autobahnausfahrt Kassel-Ost läßt sich der Meißner oder Hohe Meißner, wie er auch genannt wird, in knapp halbstündiger Fahrt ostwärts bequem erreichen. Wer gut zu Fuß ist, wird ebenso bequem den 750 m hohen Gipfel besteigen, von dem aus sich schöne Ausblicke auf das Hessische Bergland und das thüringische Eichsfeld bieten. So etwas lockt natürlich die Besucher, aber keiner der zahl-

Vorhergehende Seite: Die Felsengruppe der Externsteine im Teutoburger Wald gibt den Forschern auch heute noch viele Rätsel auf. Ungeklärt bleibt, ob es sich hier um ein altes germanisches Heiligtum handelt. Über eine schmale Brücke erreicht man im oberen Teil eines der Felsen einen kleinen Raum, der im Mittelalter den Mönchen als Kapelle diente, möglicherweise aber schon in germanischer Zeit als Kultraum oder Sonnenobservatorium verwendet wurde.

Von allen Seiten zeigen die Externsteine malerische Anblicke *(linke Seite)*. Deutlich erkennt man am Fuße des Felsen die Eingänge zu jenen Höhlen, in denen im Mittelalter Mönche und Einsiedler ähnlich wie vielleicht schon Jahrhunderte vor ihnen heidnische Priester kontemplative Ruhe und Besinnung suchten.

Der Ipf bei Bopfingen am Rande des Rieskessels *(oben)*. Das abgeflachte Plateau wurde schon in vorchristlicher Zeit in langer mühsamer Arbeit von Menschenhand geschaffen. Rings um den Berg ziehen sich zwei große Ringwälle. Ebenfalls als Siedlungsplatz und Kultort diente in vorchristlicher Zeit der nahegelegene Goldberg *(links)*.

Vorhergehende Doppelseite: Steil ragen die Felsen des Staffelberges über die fränkische Landschaft. Auf seinem Gipfelplateau lag wohl die keltische Siedlung Menosgada. Erst um 400 n. Chr. bauten Germanen hier eine Burg. Die Tradition einer alten Kultstätte führt heute die Adelgundiskapelle fort. Die Wallfahrt zu ihr florierte das ganze Mittelalter hindurch, ging aber mit dem Aufblühen des benachbarten Vierzehnheiligen zurück.

Der Mummelsee im Schwarzwald *(links)* ist heute ein beliebter Ausflugsplatz. Als er touristisch noch nicht so erschlossen war, galt er als sagenumwobener, geheimnisvoller Ort, wie schon im 17. Jahrhundert der Dichter Grimmelshausen in seinem berühmten Roman „Simplizius Simplizissimus" so reizvoll berichtet.

Vom Druidenstein bei Nürnberg *(oben)*, dessen Umgebung heute noch in Fachkreisen als wichtiger Kultplatz mit magischen Kräften gilt, ist nichts übriggeblieben. Der riesige Steinblock wurde schon im vorigen Jahrhundert zerstört und an seiner Stelle ein Gedenkstein errichtet.

Kap Arkona an der Nordspitze der Insel Rügen *(links)*. Von den steilen Kreideklippen bietet sich ein prachtvoller Blick über die Ostsee. In slawischer Zeit lag seit dem 10. Jahrhundert dort oben die Jaromarsburg mit einem Heiligtum des Gottes Swantewit. Heute sind nur noch die Reste des 8 bis 10 m hohen Burgwalles erkennbar *(oben)*. Den Tempel selbst haben inzwischen die Ostseewellen verschlungen.

Der Hohe Meißner im Hessischen *(rechts)* bietet nicht nur einen herrlichen Rundblick über die nähere und weitere Umgebung, sondern gilt auch als wichtiger Sagen- und Kultort. Hier ist das Reich der Frau Holle. Die Sage erzählt, sie lebe in dem nach ihr benannten Teich *(oben)*. Auch eine Frau-Holle-Höhle gibt es in der Nähe, die möglicherweise einmal für Fruchtbarkeitskulte genutzt wurde.

Der Stechlin-See in der Mark Brandenburg *(rechte Seite)* erlangte literarische Berühmtheit durch Fallada, Strittmatter und vor allem durch Theodor Fontanes berühmten Roman. Zwar zählt er nicht zu den ausgewiesenen Kultplätzen, wohl aber ist auch er von Sagen umwoben, wie schon Fontane in seiner unvergänglichen Schilderung erzählt. So kann er mit jedem magischen Platz konkurrieren.

Die Iburg bei Bad Driburg. Die ältesten Befestigungsanlagen gehen schon auf frühgeschichtliche Zeit zurück. Kultidol der Irminsul gestanden haben. Dieses Stammesheiligtum wurde 772 durch Karl den Großen während der Sachsenkriege zerstört. Im Jahre 900 wurde an dem Platz für einige Zeit ein Benediktinerkloster errichtet.

Blick von der Milseburg auf die Berge der Rhön. Der 835 m hohe auffallende Phonolitkegel verdankt seinen Namen einer alten Sage, wonach hier einmal der Riese Mils hauste. Älteste Siedlungsspuren auf dem Berg sind schon seit 2500 v. Chr. nachzuweisen, im 6. Jahrhundert entstand auf dem Gipfel eine keltische Stadt, die rund 500 Jahre existierte. Ein prähistorischer Wanderpfad erschließt heute in 10 Stationen die archäologischen Überreste für den interessierten Touristen.

Die Teufelsmauer bei Blankenburg im Harz, ein eigenartiges Naturdenkmal, das etwa vor 160 Millionen Jahren durch Meeresablagerungen entstand, zählt für Geomanten zu den magischen Plätzen in Deutschland, da angeblich auf dem Felsrücken natürliche Erdbahnen verlaufen *(unten)*.

Von hier aus sind es nur wenige Kilometer nordwärts bis zur Burgruinen Regenstein, die nicht nur manches pittoreske Fotomotiv *(rechts)* bietet, sondern auch zu den magischen Plätzen gezählt wird. Der auffallende Sandsteinfelsen war schon in vorgeschichtlicher Zeit besiedelt und diente wahrscheinlich als Kultplatz.

Die mittelalterliche Burganlage auf dem Regenstein *(linke Seite)* stammt erst aus der Mitte des 13. Jahrhunderts. Sie wurde nur wenige Jahrzehnte nach ihrer Erbauung von Kaiser Friedrich Barbarossa eingenommen und zerstört, doch danach wieder aufgebaut. Nach 1670 war der Regenstein sogar eine Zeitlang als Festung ausgebaut.

Der Oybin in der Nähe von Zittau *(oben und links)* in der Oberlausitz war im Hochmittelalter als Burg ausgebaut worden und diente lange als Raubritternest. Nach der Eroberung durch Karl IV. ließ der Kaiser hier ein Coelestinerkloster erbauen. Die eigenartige Verbindung von Burg- und Klosterruine gibt dem sagen- und geheimnisumwobenen Felsen, den schon die romantischen Maler liebten, einen besonderen Reiz.

Zu den bemerkenswertesten archäologischen Fundorten in Mecklenburg gehört die slawische Tempelburg Groß-Raden am Sternberger See. Dieser Kultplatz geht auf das 9./10. Jahrhundert zurück. Seine Bewohner gehörten zu dem slawischen Stammesverband der Obodriten. Heute ist das hier errichtete Heiligtum, dem große magische Bedeutung zukam, in allen Einzelheiten sorgfältig restauriert.

Der Donnersberg in der Pfalz hat viel von seiner einstigen magisch-kultischen Bedeutung eingebüßt. Schon im 2. vorchristlichen Jahrhundert hatten die keltischen Treverer auf dem Gipfel eine Siedlung angelegt. Der heute noch erhaltene Ringwall aus dieser Zeit gehört mit 8,5 km Länge zu den größten in Mitteleuropa *(oben)*. Auf einem Wanderweg kann man Teile der Anlage besichtigen, darunter auch ein Stück rekonstruierter Mauer *(links)*.

Folgende Seite: Das Aachener Münster gehört zu den ehrwürdigsten christlichen Plätzen in Deutschland. Die achteckige Pfalzkapelle *(im Bildmittelgrund rechts)* wurde schon von Karl dem Großen erbaut. Hier steht auch der schlichte Thron, auf dem die deutschen Könige und Kaiser nach der Krönung die erste Huldigung empfingen. Immer noch ungeklärt bleibt die Behauptung, das Münster sei ein riesiges astronomisches Denkmal, in dem angeblich astronomisches Spezialwissen zur Zeit Karls des Großen verewigt wurde.

reichen Touristen denkt daran, daß noch um die Jahrhundertwende ein seriöser Gelehrter riet, den „unheimlichen Berg" nur in größerer Gesellschaft zu besteigen!

Offensichtlich lag auf dem Meißner einmal ein wichtiger Kultplatz Freyas, der germanischen Göttin der Liebe und Fruchtbarkeit und Hüterin von Heim und Herd, beziehungsweise der ihr verwandten Göttin Hulda (Holda). Beide sind sie in Sage und Volksglauben als die uns lieb gewordene Märchengestalt der Frau Holle eingegangen, die hier im magischen Bereich des Meißners ihre Heimat hat. Selten läßt sich deshalb der Schauplatz eines Märchens so schön und genau lokalisieren wie hier.

Die Sage schafft den Übergang von der Mythologie zum Märchen und erzählt von einem schönen und tugendsamen Mädchen aus Dudenrode, das einen gewissen Holle heiratete. Als dieser sie verließ, nahm sich Freya-Hulda der jungen Frau an und schenkte ihr den ganzen Meißner als Eigentum. Jene wohnte fortan in einem prächtigen Zauberschloß am Grunde eines Waldteiches, besaß aber auch ein Sommerhäuschen auf dem Berg. Sie nahm sich vor allem armer Mädchen an und unterstützte sie. Als ihre Schützlinge einmal wegen eitler Nichtigkeiten in Streit gerieten, verwandelte sie diese in Katzen und verbannte sie in eine Höhle am Hang des Berges. Bis heute soll Frau Holle in einem nach ihr benannten Teich wohnen, schreckt die Bösen, hilft den Guten, zieht Kinder in den Teich, die sie – je nach deren Charakter – zu Glückskindern oder Wechselbälgen macht. Alljährlich zieht sie durch das Land, um den Äckern Fruchtbarkeit zu verleihen.

Den Frau-Holle-Teich kann man von Bad Sooden-Allendorf aus oder von der Autobahnausfahrt Hannoversch Münden über die B 451 (bis Velmeden, dann nach Osten) erreichen, von der Romantik und vor allem von dem Unheimlichen ist allerdings kaum mehr etwas übriggeblieben. Bei Hilgershausen (Bad Sooden-Allendorf) liegt auch die Frau-Holle-Höhle, die ein Schild neben dem Eingang als „sagenumwobene Kulthöhle der Altgermanen" ausweist. Es ist immerhin ein beeindruk-

Bei Frau Holle am Meißner. Zeichnung von O. Ubbelohde zu Grimms Märchen.

kender Höhlenbau, 50 m tief, 20 m breit und 12 m hoch. Ausgerechnet hier, so will es der Volksmund, soll das Märchen von Frau Holle spielen.

Die Nutzung als Kultplatz läßt sich allerdings ebensowenig nachweisen wie beim Frau-Holle-Teich, aber Zusammenhänge mit einem alten Fruchtbarkeitskult scheinen zu bestehen; denn eine kleine Quelle in der Höhle speist einen außerhalb gelegenen See, der früher einmal „Jungfrauensee" hieß. Frauen, die vom Wasser des Sees tranken, sollten bessere Chancen beim Freien erlangen, und das Baden im Quelltümpel sollte die Fruchtbarkeit steigern.

Auch die Höhle, in der die verwandelten Mädchen und Frauen hausen mußten, existiert noch am Westrand des Berges unter dem Namen „Kitzkammer". Heute noch soll Frau Holle untreue Ehefrauen als Katzen dorthin verbannen. Über das gegenwärtige Fassungsvermögen wird allerdings nichts ausgesagt.

Der Stechlin-See in der Mark Brandenburg

Den Segen der Kultforscher und Geomanten als magischer Platz oder Kultort hat der Stechlin-See noch nicht, wird ihn aber vielleicht noch erhalten, wenn sie sich etwas intensiver mit den neuen Bundesländern auseinandergesetzt haben. Sicher aber erfüllt er alle Voraussetzungen dafür, es sei denn, das in unmittelbarer Nachbarschaft erbaute Kernkraftwerk Rheinsberg habe eventuelle magische Kräfte zerstört.

Man erreicht den See auf bequemen Wanderwegen von Fürstenberg aus quer durch das Naturschutzgebiet „Stechlin". Es sind allerdings weniger die Esoteriker, die ihn aufsuchen, sondern vielmehr die Literaturfreunde, begegnet er uns doch in Hans Falladas „Damals bei uns daheim", in verschiedenen Werken Erwin Strittmatters und vor allem natürlich bei Theodor Fontane in dessen „Wanderungen durch die Mark Brandenburg" und in „Der Stechlin". Die einleitende Beschreibung des Sees in diesem Roman gehört zu den schönsten Naturschilderungen der deutschen Literatur und läßt zugleich etwas von den magischen Kräften erahnen, die dem Stechlin seit alten Zeiten zugeschrieben werden:

„Im Norden der Grafschaft Ruppin, hart an der Mecklenburgischen Grenze, zieht sich von dem Städtchen Gransee bis nach Rheinsberg (und noch darüber hinaus) eine mehrere Meilen lange Seenkette durch eine menschenarme, nur hie und da mit ein paar alten Dörfern, sonst aber ausschließlich Förstereien, Glas- und Teeröfen besetzte Waldung. Einer der Seen, die diese Seenkette bilden, heißt ‚Der Stechlin'. Zwischen flachen, nur an einer einzigen Stelle steil und kaiartig ansteigenden Ufern liegt er da, rundum von alten Buchen eingefaßt, deren Zweige, von ihrer eigenen Schwere nach unten gezogen, den See mit ihrer Spitze berühren. Hier und da wächst ein weniges von Schilf und Binsen auf, kein Kahn zieht seine Furchen, kein Vogel singt, nur selten, daß ein Habicht darüber hinfliegt und seinen Schatten auf die Spiegelfläche wirft. Alles still hier. Und doch, von Zeit zu Zeit wird es an ebendieser Stelle lebendig. Das ist, wenn es weit draußen in der Welt, sei's auf Island, sei's auf Java zu rollen und zu grollen beginnt oder gar der Aschenregen der Hawaiischen Vulkane bis weit auf die Südsee hinausgetrieben wird. Dann regt sich's auch hier, und ein Wasserstrahl springt auf und sinkt wieder in die Tiefe. Das wissen alle, die den Stechlin umwohnen, und wenn sie davon sprechen, so setzen sie wohl auch hinzu: ‚Das mit dem Wasserstrahl, das ist nur das Kleine, das beinah Alltägliche; wenn's aber draußen was Großes gibt, wie vor 100 Jahren in Lissabon, dann brodelt's hier nicht bloß und sprudelt und strudelt, dann steigt statt des Wasserstrahls ein roter Hahn auf und kräht laut in die Lande hinein.'"

Die Menschen erzählen auch, kein Gewitter könne über den Stechlin hinwegziehen, da er ungefähr die Gestalt eines Kreuzes habe. Über den roten Hahn gibt es eine reizvolle Sage, die in mehreren Varianten erzählt wird und von einem übermütigen Fischer berichtet, der diesen gereizt und von ihm während eines Sturms in die Tiefe gezogen worden sei.

Die Iburg bei Bad Driburg

Von Bad Driburg aus ist es nur ein kurzer Ausflug zu der südwestlich der Stadt gelegenen Iburg. Die ältesten Befestigungsanlagen gehen hier schon auf frühgeschichtliche Zeit zurück. Wer vom Parkplatz aus zum Burggelände hinaufgeht, überquert einen aus Steinen und Erde aufgeschütteten Wall, der wohl aus der Zeit der Sachsen stammt und nach deren Niederlage gegen Karl den Großen von den Franken übernommen wurde.

Angeblich stand hier das sächsische Kultidol der Irminsul. Abt Rudolf von Fulda, der von seinem Vorgänger Sturmius eine genaue Beschreibung erhalten hatte, berichtet darüber: „Die Sachsen verehrten auch einen Stamm oder Pfahl aus Holz von nicht geringer Größe, der unter freiem Himmel errichtet war, und nannten ihn in ihrer Sprache Irminsul, d. h. All-Säule, die gleichsam alles stützt." Der Standort ist nicht bewiesen, man sucht ihn auch an anderen Plätzen in Westfalen. Bemerkenswert erscheint wieder einmal, daß bald nach der Zerstörung dieses Stammesheiligtums 772 gerade hier im Zentrum der sächsischen Burg ein dem Apostel Petrus geweihtes Kirchlein errichtet wurde. Im Jahre 900 ließ sich die selige Helmtrud als Einsiedlerin auf der Iburg nieder, und 1134 wurde hier für einige Zeit ein Benediktinerkloster errichtet.

Mag die Frage, ob hier die geheimnisumwobene Irminsul stand, wahrscheinlich nie geklärt werden, so hat sie doch zumindest einer für sich klar beantwortet. Es ist der aus Allhausen stammende Arzt Friedrich Wilhelm Weber (1813–1894), dessen Versepos „Dreizehnlinden", eine Klostergeschichte aus dem 9. Jahrhundert, einmal viel gelesen wurde, heute aber leider zu Unrecht völlig in Vergessenheit geraten ist. Weber erzählt in dieser Dichtung auch von der Irminsul und sucht dabei den magischen Zauber der Iburg einzufangen:

„Rings der Wälder tiefes Schweigen!
Aus des Tales Nebelhülle
Hob die Iburg ihren Scheitel
In die sternenklare Stille;

Alter Hain, aus dessen Wipfeln
Sonst die Irminsäule ragte,
Die zum Schmerz und Schreck der Sachsen
König Karl zu brennen wagte;

Götterstätte, jetzt umwuchert
Von Gestrüpp und wilden Ranken,
Und als Wohnort dunkler Mächte
Scheu gemieden von den Franken. –

Lieblich war die Nacht, die kurze,
Vor dem Tag der Sonnenwende;
Auf der Iburg stumpfem Kegel
Flackerten die Opferbrände;

Auf der Iburg stumpfem Kegel
Hatten sich zum Balderfeste
Fromm geschart die Heidenleute,
Gaugenossen, fremde Gäste …"

Wer diese romantische Sicht historisch untermauert erleben möchte, muß nur weiter nach Allhausen fahren, wo ihm das kleine Museum im Geburtshaus Friedrich Wilhelm Webers interessante Informationen vor allem aus der Sicht des 19. Jahrhunderts bietet.

Die Tempelburg Groß-Raden

Zu den bedeutendsten archäologischen Leistungen der ehemaligen DDR gehört ohne Zweifel die Ausgrabung und Rekonstruktion der Siedlung Groß-Raden mit ihrer slawischen Tempelburg. Man erreicht diesen auch heute bemerkenswerten Kultplatz von Schwerin aus auf der B 104 in Richtung Güstrow bis Sternberg und von da wenige Kilometer nordwärts an den Sternberger See, wo der Weg zum Freilichtmuseum ausgeschildert ist. Die Fundstelle war immerhin schon seit der Mitte des vorigen Jahrhunderts bekannt, ihre Beseitigung konnte 1905 nur mit Mühe verhindert werden, die eigentlichen Ausgrabungen setzten aber erst 1973 ein. Sie führten zur Entdeckung eines Tempelortes aus dem 9./10. Jahrhundert. Seine Bewohner gehörten zum Stammesverband der slawischen Obodriten. Dank den sorgfältigen Untersuchungen der Archäologen unter der Leitung von E. Schuldt gelang es erstmals, zusammen mit der Siedlung ein Heiligtum zu erforschen. Die Tempelhalle lag geschützt durch die eigentliche Siedlung auf der äußersten Spitze einer schmalen Halbinsel im Sternberger See und konnte nur über einen schmalen Bohlenweg erreicht werden. Von diesem Kultgebäude waren so viele Überreste erhalten, daß es sich in allen Einzelheiten rekonstruieren und in den ursprünglichen Maßen von 7 x 11 m nachbauen ließ.

Um 900 wurden wohl durch kriegerische Einwirkung der Ort und mit ihm das Heiligtum völlig zerstört. Da der Platz aber offensichtlich magische Bedeutung hatte, baute man nicht nur unmittelbar danach die Siedlung wieder auf, sondern legte auch eine eigene Burg zum Schutz des Heiligtums an. Sie bestand aus einer nahezu kreisrunden mäch-

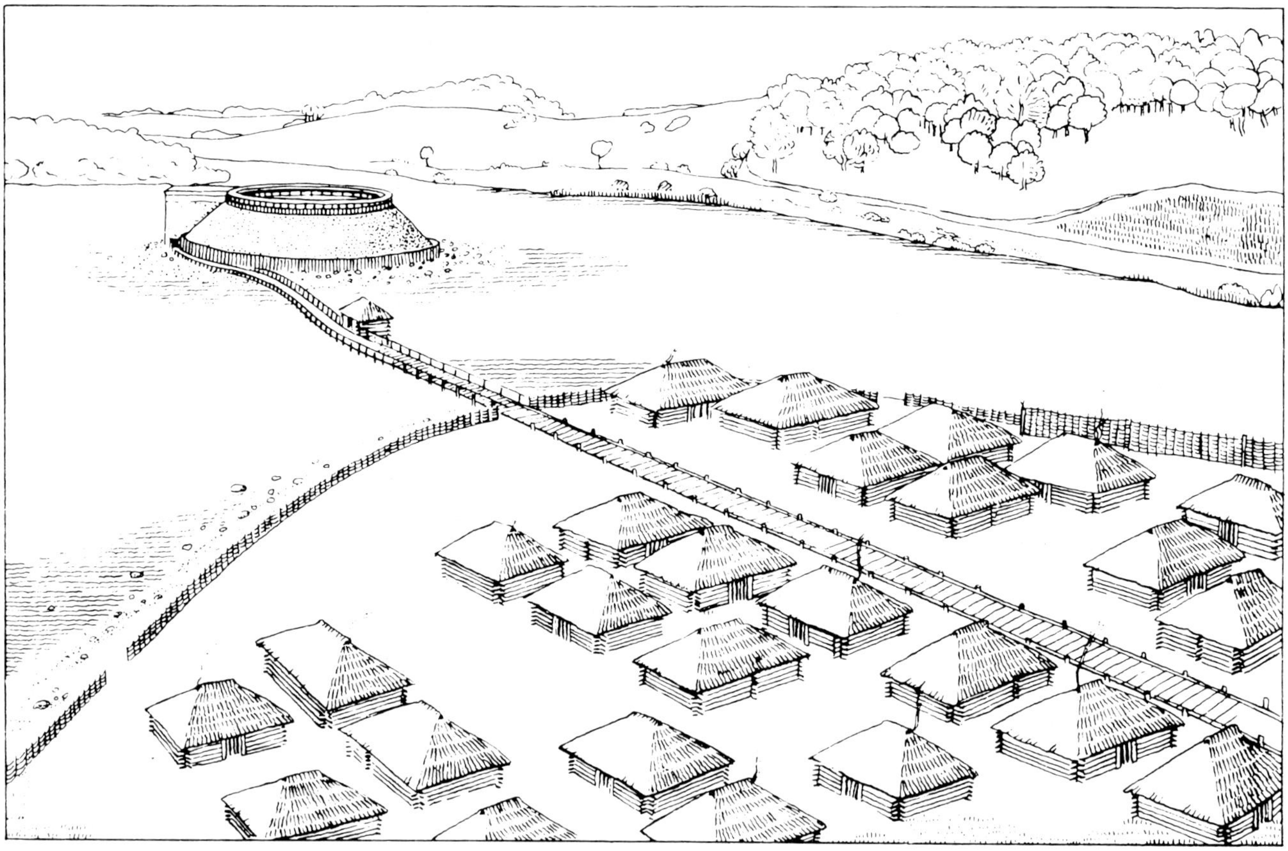

Rekonstruktionsversuch der Tempelburg Groß-Raden (Phase B).

tigen Mauer, die an der Basis immerhin 12 m breit war und sich an den Außenseiten leicht nach oben zu verjüngte. Diese umgab einen Innenhof von 25 m Durchmesser, in dem das Götterstandbild errichtet war.

Wir verfügen über keinerlei Beschreibung der Tempelanlage, doch liegen Vergleiche mit dem Tempel von Arkona nahe, von dem wir zwar eine Beschreibung, aber leider keine Überreste kennen. Auch hier durften wohl nur die Priester das eigentliche Heiligtum betreten, während in der vorgelagerten Siedlung vorwiegend Handwerker lebten, Schmiede, Metallgießer, Zimmerleute, Schuhmacher usw. Man schätzt die Bewohnerzahl der rund 33 Flechtwerkhäuser, die hier standen, auf maximal 200.

Das gewaltsame Ende kam im Zuge der Christianisierung des 11. und 12. Jahrhunderts. Damals wurde wohl die gesamte Anlage zerstört. Immerhin maß die Kirche dem Kultplatz solche Bedeutung zu, daß sie das Gelände weiterhin in ihrem Besitz behielt und nicht veräußerte.

Die Milseburg in der Rhön

Zu den Bergen, deren Anblick immer wieder den Beschauer fasziniert, gehört auch die Milseburg in der Rhön. Von welcher Himmelsrichtung aus man sie auch sehen mag, stets fällt die eigenartige Form des 835 m hohen Phonolithkegels auf. Vulkanische Kräfte im Tertiär und Verwitterungen in den nachfolgenden Eiszeiten haben sein Erscheinungsbild mit den Klüften, Klippen, Schuttdecken und Blockhalden geformt. Die Menschen hat der Berg schon früh angezogen, aber wie so oft, lassen sich zwar die Spuren nachweisen, doch Antworten auf wichtige Fragen können immer noch nicht gegeben werden.

Die ältesten Siedlungen stammen aus der Zeit zwischen 2500 und 1800 v. Chr. Die dichtere Besiedlung setzte dann seit dem 6. Jahrhundert v. Chr. ein, als hier eine keltische Stadt entstand, die offensichtlich fast ein halbes Jahrtausend existierte. An sie erinnern noch jene Schotterbänder rund um den Berg, die im Volksmund „Elfenstraßen" genannt werden. Sie sind die Reste eines rund 1300 m langen Walles. Ein „prähistorischer Wanderpfad" mit zehn Erläuterungstafeln erlaubt anschauliche Information über die Verteidigungsanlage, aber auch über das tägliche Leben der Kelten. Ein Abschnittswall von 100 m Länge unterhalb der Bergkuppe trennte diese vom restlichen Plateau. Man vermutet, daß oberhalb dieser Mauer auf dem Berg ein keltisches Heiligtum lag, eines jener berühmten Bergheiligtümer, von denen schon in der Einleitung zu diesem Kapitel die Rede war. Wenn das zutreffen würde, stünde vielleicht die heutige Kapelle an der Stelle des alten Kultplatzes. Die Spuren eines Häuptlingswohnsitzes aus der Keltenzeit vermuten Archäologen im Bereich der sogenannten Einsiedelei, die man über den prähistorischen Wanderpfad erreicht. Obgleich 1870 Rudolf Virchow auf die vorgeschichtlichen Wälle der Milseburg hinwies, kümmerte man sich wenig um sie, 1896 wurde sogar ein Teil davon abgetragen und als billiger Schotter für den Bau der Bahnstrecke benutzt!

Vieles bleibt rätselhaft, so auch der Name Milseburg, der im Kern vielleicht schon auf die keltische Zeit zurückgeht. Wo das Wissen fehlt, muß die Sage einspringen. Um keinen Berg der Rhön ranken sich deshalb so viele Sagen wie eben um diesen, ein Zeichen, welches Interesse ihm das Volk schon stets entgegengebracht hat. Ludwig Bechstein hat im „Fränkischen Sagenschatz" die wichtigsten gesammelt, in deren Mittelpunkt vor allem zwei Gestalten stehen, zum einen der Riese Mils, der hier zum Namenspatron des Berges wird; denn als er gegen das Christentum kämpfte, schließlich unterlag und sich selbst den Tod

Die Milseburg in der Rhön nach einem Aquarell des 19. Jahrhunderts.

gab, hat der Teufel, dem er stets treu diente, ein Riesengrab über dem Leichnam aufgeschüttet, das eben den Namen Milseburg führt und im Volksmund auch die „Totenlade" genannt wird.

Wichtiger als er wurde allerdings der heilige Gangolf. Dieser Ritter hatte ein so böses, zänkisches Weib, daß sich Gott persönlich um ihn kümmerte und dafür sorgte, daß die Dame wenigstens an Freitagen ihre Keifereien bleiben lassen mußte. Gangolf wählte die Milseburg zu seinem stillen Refugium und trug auch durch ein Wunder den nach ihm benannten Gangolfbrunnen von Fulda aus auf den Berg. Dessen Wasser steht heute noch in dem Ruf, Augenleiden zu heilen und unfruchtbaren Frauen zu helfen. Angeblich soll Gangolf auf dem Berg auch einen Keller besessen haben, in dem er seine Schätze aufbewahrte. Bis auf eine arme alte Frau habe sie aber bisher niemand zu Gesicht bekommen.

Der Donnersberg in der Pfalz

Den Donnersberg zu erreichen ist nicht schwierig. Immerhin ist er mit seinen 687 m der höchste Berg der Pfalz und dementsprechend weithin sichtbar, an klaren Tagen sogar von Frankfurt aus. Am besten fährt man auf der B 40 über Kirchheim-Bolanden oder auf der B 48 bis Rockenhausen und von da zum Berg selbst. Mit seinem Fernsehturm hat er kaum mehr etwas Magisches an sich, und die zahlreichen Besucher und die Drachenflieger rauben uns in dieser Hinsicht auch die letzten Illusionen. Dabei schrieb 1687 ein Gelehrter: „Absonderlich liegt in dieser Herrschaft (Kirchheim) der fumeuse und in gantz Europa beschreyte Berg Mons Jovis, der Donners- oder vulgo der Dohrberg, quasi tonantis mons genannt …" Die Namensgebung ist diesmal ganz klar, kommt sie doch von dem germanischen Gott Donar. Die Besiedlung dort oben ist allerdings älter, setzte schon im 2. vorchristlichen Jahrhundert ein, als die keltischen Treverer ein Oppidum bauten und einen Ringwall anlegten, der mit seinen 8,5 km Länge zu den größten in Mitteleuropa gehört und schätzungsweise 5000 Menschen Zuflucht gewährte. Die Anlage teilt sich in ein Ost- und Westwerk, von denen letzteres anscheinend nicht bewohnt war und nur zum Schutz des Viehs und vielleicht zur zusätzlichen Unterbringung der im weiteren Umkreis lebenden Bevölkerung in Kriegszeiten diente.

Die Archäologen haben die Anlage nicht nur sorgfältig erforscht, sondern auch einen hochinteressanten Wallwanderweg angelegt, der von den Parkplätzen bequem erreichbar ist. Man kann auf ihm einen Teil des Ostwerks umwandern, zuerst einmal ein Stück der rekonstruierten Mauer besichtigen, die einmal um die ganze Anlage herumführte und die in dieser Art etwas erahnen läßt von dem ungeheuren Arbeitsaufwand und den Mühen ihrer Erbauer. Noch wichtiger aber sind die innerhalb des befestigten Bezirks liegenden, für den heutigen Besucher kaum erkennbaren Reste einer sogenannten Viereckschanze. Diese beweist, daß der Donnersberg zu Recht als magischer Kultplatz gilt, wenn er auch heute, wie ein einschlägiger Führer vermerkt, „als Kraftplatz jegliche Macht verloren zu haben scheint".

Die keltischen Viereckschanzen, denen wir auf unseren Wanderungen zu den merkwürdigen Plätzen in Deutschland hier erstmals begegnen, finden sich vor allem im süddeutschen Raum. Lange galten sie als Befestigungsanlagen, doch hat sich inzwischen die Erkenntnis durchgesetzt, daß es sich dabei um eingezäunte wichtige Kultplätze handeln muß. Die Kulthandlungen fanden dort unter freiem Himmel statt, wobei ähnlich wie bei frühen griechischen Heiligtümern, ein heiliger Baum den Mittelpunkt der Anlage bildete, während ein kleiner, in die Ecke gerückter hölzerner Tempel wohl die Kultgeräte, aber auch wertvolle Opfergaben aufnahm. Die Schätze mußten dabei nicht eigens bewacht werden; denn nie hätte es jemand gewagt, die Götter zu bestehlen.

Welche Kulthandlungen hier stattfanden und wie die heiligen Feste des Jahres gefeiert wurden, wissen wir nicht. Da die Druiden, die

Priester der Kelten, nichts aufzeichneten, überlieferten sie ihr Wissen jahrhundertelang nur mündlich von Generation zu Generation. Aller Wahrscheinlichkeit nach bestanden dabei auch Verbindungen zu den Gestirnen. Es fällt auf, daß die Tore der Viereckschanzen nie im Norden lagen und stets in Beziehung gesetzt sind zu dem Winkel, den die Sonne am 21. Juni zwischen Auf- und Untergang bildet. Auf dem Donnersberg läßt sich das alles nicht mehr überprüfen, da die Südwestecke der Schanze abgetragen wurde. Nicht entdeckt wurden bisher auch die bei den süddeutschen Heiligtümern üblichen sogenannten Kultschächte. Es sind Gruben, die zunächst trichterförmig absinken und sich in etwa 2,5 m Tiefe zu einer Schachtröhre verengen. Bisher freigelegte Gruben waren gefüllt mit Knochen- und Scherbenresten, neben den Überresten von Tieren finden sich auch Menschenknochen, die auf rituelle Opfer schließen lassen.

Nicht in das gängige Schema paßt die Verschiebung zwischen keltischem und christlichem Kultplatz. Das etwa 300 m südlich der Schanze gelegene Waldwirtshaus steht nämlich über der Stelle einer dem heiligen Jakobus geweihten Kapelle aus dem 14. Jahrhundert. Daneben hatten Paulinermönche ein kleines Kloster errichtet, von dem heute noch einige Reste erhalten sind. Vielleicht hatten sich in germanischer bzw. römischer Zeit die Kultstätten hier etwas verschoben. Auch der im Südwesten des Ringwalls (und Wanderwegs) gelegene Basaltfelsen des sogenannten Königsstuhls soll bei den Römern der Jupiter-Verehrung gedient haben.

Der Regenstein und die Teufelsmauer bei Blankenburg

Wer stimmungsvolle Fotomotive sucht, wird bei der Burgruine Regenstein in der Nähe von Blankenburg voll auf seine Kosten kommen. Als Ausflugsziel ist sie bequem erreichbar, wenn man auf der B 81 nordwärts in Richtung Halberstadt fährt. Zuvor allerdings wird der Tourist sicher die Gelegenheit nutzen und die Teufelsmauer besuchen, die ebenfalls zu den magischen Plätzen des Harzes zählt. Dieser Felsrücken zieht sich von Blankenburg über Neinstedt bis in die Gegend von Dallenstedt hin. Die Sage erzählt, daß die Knechte des Teufels an der Grenze von dessen Reich eine gewaltige Mauer hatten errichten sollen, aber jedesmal brach bei Sonnenaufgang das in der Nacht geschaffene Werk wieder zusammen, daraufhin habe der Teufel in seinem ohnmächtigen Zorn die Mauer bis auf die noch erhaltenen Reste zerstört. Die Wissenschaft hat dafür eine nüchterne Erklärung und gibt an, daß dieses eigenartige Naturdenkmal vor etwa 100 Millionen Jahren aus Meeresablagerungen entstanden sei. Für die Geomanten zählt die Teufelsmauer zu den magischen Plätzen. Sie sprechen von einem „Drachenrücken", d. h. einem Bergrücken, auf dem die natürlichen Energiebahnen entlangfließen.

Auch der benachbarte Regenstein wird zu diesen magischen Plätzen gezählt. Wohl mit größerem Recht; denn dieser auffallende Sandsteinfelsen war schon in der Steinzeit besiedelt und dürfte als kultischer Orientierungspunkt gedient haben. Aber die Vorgeschichtsforschung vermag zwar auf einige Funde zu verweisen, muß jedoch einen endgültigen Beweis für die Benutzung als Kultplatz schuldig bleiben.

So stehen sich hier einmal mehr Geomantie und Archäologie mit gegensätzlichen Auffassungen gegenüber, wenn auch der Besucher gefühlsmäßig ersterer zuneigt, so vielerlei Höhlungen und bizarre Gebilde zeigt der Sandstein. Ganz offensichtlich sind einige davon von Menschenhand geschaffen, ohne daß man sich ihre Entstehung aber erklären kann.

Vergleichsweise harmlos nehmen sich daneben die Reste der mittelalterlichen Burg aus, die 1162 erstmals erwähnt wird, zwei Jahrzehnte später von Barbarossa eingenommen und zerstört, doch dann wieder aufgebaut wurde. Nach 1670 wurde der Regenstein sogar für ein knappes Jahrhundert zur Festung ausgebaut.

Der Oybin im Zittauer Gebirge mit seiner Burg- und Klosterruine nach einem Holzstich des 19. Jahrhunderts.

Die Klosterburg Oybin in der Oberlausitz

Wer von Zittau aus mit dem Auto oder – weit schöner und vergnüglicher – mit der Bimmelbahn zu dem kleinen Kurort Oybin ganz nahe an der böhmischen Grenze mitten im Zittauer Gebirge kommt, erlebt eine große Überraschung. In einem breiten, von den Bergen umgebenen Talkessel duckt sich der merkwürdige Sandsteinfelsen Oybin. Nur 514 m ist er hoch, keine gewaltigen Felsformationen beeindrukken, wohl aber die in ihrer Art in ganz Deutschland einmalige Verbindung von reizvoller Naturlandschaft und romantischer Ruine in der seltsamen Mischung aus Burg und gotischer Klosteranlage. Der Kunstfreund denkt sogleich an die Maler der Romantik wie C. G. Carus und vor allem Caspar David Friedrich, die schon im 19. Jahrhundert die einmalige Schönheit dieses Oybin erfaßt haben. Von vielen Geheimnissen und Rätseln, die den Berg umgeben, spricht ein Kenner seiner Geschichte. Manche dieser Geheimnisse haben die Historiker und seit einigen Jahrzehnten auch die Archäologen zu lösen vermocht, aber noch bleiben genug Fragen offen. Für die modernen Kultplatzforscher blieb bisher zuwenig Zeit, um sich intensiv mit der Vergangenheit des Berges zu beschäftigen. Immerhin hat ein bedeutender Heimatforscher schon 1827 hier einen vorgeschichtlichen Opferplatz vermutet, und die modernen archäologischen Forschungen scheinen seine Hypothese zu untermauern. Immerhin konnten die Sondierungsgrabungen von 1967 eine bronzezeitliche Befestigung und damit eine Besiedlung schon vor fast 3000 Jahren nachweisen.

Die große Zeit des Oybin, der er auch sein heutiges Aussehen mit den so beeindruckenden Ruinen verdankt, begann erst im späten Mittelalter, als die Herren von Leipa hier oben erst ein Jagdhaus errichteten, das sie im Laufe der Jahre zu einem gefürchteten Raubnest ausbauten und von wo aus sie den über die Paßstraße ziehenden Kaufleuten schweren Schaden zufügten. Angeblich soll der junge Kaiser Karl IV. selbst mit seinen Rittern die Burg erobert haben. Sicher ist nur, daß der Oybin schon bald nach Beginn seiner Regierung in seinen Besitz gelangte und er das in den Resten heute noch erhaltene Kaiserhaus errichten ließ. Wenn auch 1364 als Baubeginn angegeben wird, so ist das doch ebensowenig erwiesen wie ein Aufenthalt des Kaisers in seiner neuen Burg. Die Sage kennt sogar mit dem „Kaiserstuhl" die Stelle, wo er sich ausruhte. Immerhin bleibt es bemerkenswert, daß Karl dem Berg seine ganz besondere Aufmerksamkeit widmete und ausgerechnet hierher aus dem fernen südfranzösischen Avignon Cölestinermönche holen ließ. Schüler des berühmten Prager Dombaumeisters Peter Parler mußten ihnen eine Kirche und ein Kloster errichten, das dem Heiligen Geist geweiht war. Waren Verbindungen zum Karlstein, der „Gralsburg" des Kaisers bei Prag, beabsichtigt, oder bestanden sie vielleicht schon? Sollten Burg und Kloster einen wichtigen Stützpunkt auf Karls Süd-Nord-Route von Prag nach Tangermünde bilden? Wir wissen es nicht.

Fast 200 Jahre bestand das Kloster, bis es in der Reformationszeit 1546 aufgelöst wurde. Dreißig Jahre später brannten die Gebäude nach einem Blitzschlag aus, ein Felssturz setzte 1681 das Zerstörungswerk fort, es blieben nur die pittoresken, sagenumwobenen Ruinen.

Eine der bekanntesten Sagen hat ganz offensichtlich einen historischen Kern. Sie erzählt von einem „Heiligen Schatz", der aus einem Teil des Prager Domschatzes bestand. Er war nachweislich während der Hussitenzeit im Frühjahr 1421 auf den Oybin ausgelagert worden und umfaßte neben zahlreichen anderen Kostbarkeiten einen Teil jener Reliquien, die Kaiser Karl IV. höchstpersönlich zusammengetragen hatte. Die Übergabeurkunde nennt unter anderem „das Haupt des hl. Lukas (ohne Einfassung)", „das Haupt der Gemahlin des hl. Sigismund", „Reste der heiligen elftausend Jungfrauen" und vieles andere mehr.

Merkwürdigerweise weiß niemand, ob dieser Schatz jemals wieder nach Prag zurückgegeben wurde oder, wie man eher vermutet, auf dem Oybin blieb, wo er in Vergessenheit geriet. Kein Wunder also, daß die Sage heute noch davon erzählt und daß seit dem 16. Jahrhundert Schatzsucher, allen voran sogar einer der Habsburgerkaiser, nach den Kostbarkeiten forschten. Es gibt sogar ernsthafte Leute, die auch heute noch davon überzeugt sind, daß der Schatz irgendwo auf dem Oybin ruht.

Das Aachener Münster

Zu den altehrwürdigen Stätten deutscher Geschichte gehört ähnlich wie der Dom zu Speyer das Münster zu Aachen. Schon vor mehr als 1000 Jahren hatte es Karl der Große in seinem Kern als Pfalzkapelle errichten lassen. Diese trat an die Stelle eines antiken Tempels und einer späteren Reliquienkapelle Pippins des Kurzen. Sie wurde nicht nur die Grablege Karls, sondern von Otto I. bis Ferdinand I. in fast ununterbrochener Reihenfolge für 26 deutsche Könige und Kaiser der Krönungsort. Sie alle nahmen auf dem schlichten Thron Karls im oberen Umgang Platz, der heute noch dort steht, und empfingen die erste Huldigung der Großen des Reiches. Wer einmal Gelegenheit hat, ohne Besucherrummel allein im Dämmern des Kirchenraumes vor diesem Thron zu stehen, wird auch heute noch die historische, nahezu charismatische Ausstrahlung spüren, die von diesem Platz seit 1000 Jahren ausgeht.

Über die kunsthistorische Bedeutung dieses ältesten monumentalen Steinbaus des Mittelalters in Deutschland informieren zahlreiche Werke. Wie bei vielen großen Kirchen haben sich auch hier die Baumeister, allen voran Odo von Metz, bemüht, in den Maßen der Kirche das Maßsystem der Geheimen Offenbarung des Johannes, insbesondere des Heiligen Jerusalem, zu erfassen. „Sind die lebendigen Steine zur Einheit friedlich verbunden, stimmen in jeglichem Teil Zahl und Maß überein, so wird leuchten das Werk des Herrn, der die Halle geschaffen hat“, heißt es in der Weiheinschrift des Baues. Tatsächlich lassen sich die Zusammenhänge selten so schön studieren wie gerade hier. Es lohnt deshalb, einmal mit einem einschlägigen Führer, vor allem auch mit der Geheimen Offenbarung bewaffnet, nachzuprüfen, wie der Dombaumeister auf geradezu einmalige Art die Idealmaße des Himmlischen Jerusalem in einen Kirchenraum umzusetzen suchte. Allein das würde schon ausreichen, um das Münster unter die bemerkenswerten heiligen Plätze einzuordnen. Nun hat sich aber seit den siebziger Jahren der Fotograf H. Weisweiler nicht nur mit diesen Maßen und offenkundigen Berechnungen begnügt, sondern gelangt aufgrund eigener eingehender Vermessungen und Berechnungen zu dem geradezu sensationellen Ergebnis, daß der Dom ein gewaltiges astronomisches Denkmal aus Stein sei. Sein 1981 erschienenes Buch „Das Geheimnis Karls des Großen“ erregte verständlicherweise vor allem in Kreisen der Geomanten und Kultforscher erhebliches Aufsehen. Weisweiler holt darin weit aus, schafft Querverbindungen zu Stonehenge und den Externsteinen, die ja wie das Münster ebenfalls auf dem 51. Breitengrad liegen, bezieht die berühmte, von Vitruv errichtete Sonnenuhr des Augustus in Rom in seine Überlegungen ein und kommt von da, wie fast nicht anders zu erwarten, zu den Maßen der Cheopspyramide und zur Spiegelung aller dieser Maße im Lotharkreuz des Domschatzes. Das alles soll auf Veranlassung Karls geplant worden sein, um das angebliche astronomische Spezialwissen seiner Zeit zu verewigen.

Bekanntermaßen läßt sich ja nicht nur mit Worten, sondern mehr noch mit Zahlen „trefflich streiten“ und ein System bereiten. Der Streit um die kosmischen Zahlen der Cheopspyramide, der ja immer noch nicht enden will, ist der beste Beweis dafür. Unter solchem einschränkenden Aspekt wird man auch die Untersuchungen Weisweilers sehen müssen. Einiges ist auf alle Fälle frappierend und interessant, selbst wenn man den Überlegungen insgesamt nicht zu folgen vermag.

Heilige Plätze und Wallfahrtsorte

Vielleicht wundern sich manche Leser, daß sie hier auch Wallfahrtsorte und Kirchen unter den merkwürdigen und geheimnisvollen Orten aufgeführt finden. Dabei ist das fast selbstverständlich; denn es ergeben sich seit der Zeit der Urchristen doch viele Querverbindungen. Glaube und Wunder hängen ebenso eng zusammen wie Wunder und Geheimnis. „Das Wunder ist des Glaubens liebstes Kind…“, läßt Goethe seinen Faust in der Osternacht sagen, und weil das Wunder eben nicht rational erklärbar ist, sonst wär' es ja keines, birgt es in seinem Kern auch ein Geheimnis. Die Kirche hat solche Zusammenhänge früh erkannt und zu nutzen gewußt, indem sie bewußt heidnische Traditionen aufnahm, umdeutete oder umfunktionierte, wie wir heute sagen, und in ihrem Sinne weiterführte.

Viele Wallfahrtsorte standen seit dem frühen Mittelalter in enger Verbindung mit Wundern und magischen Plätzen. Die heiligen Märtyrer, die dort oft ihre Grablegen gefunden hatten und verehrt wurden, sorgten sehr rasch durch entsprechende Wunder, daß der Zulauf der Gläubigen wuchs. Überlieferung, fromme Legende und Volkssage verschmolzen zu einem bald unentwirrbaren Ganzen, das sich verfestigte, ein Eigenleben gewann und so oft die Jahrhunderte überdauerte. Zu den Gräbern kamen Reliquien und Bilder, die ebenfalls mit Wundern in Zusammenhang gebracht und so zu Gegenständen frommer Wallfahrt wurden.

Uns interessiert hier weniger der religiöse beziehungsweise theologische als vielmehr der kulturhistorische Hintergrund. Weit mehr als 1000 Wallfahrtsorte gibt es in ganz Deutschland, große und kleine, bekannte, vielbesuchte und bescheidene, unbedeutende. Am häufigsten vertreten sind die Marienwallfahrtsorte, die sich wohl mit Wundern, doch seltener nur mit Geheimnissen in Verbindung bringen lassen. Altötting und Kevelaer mögen dafür als Beispiel dienen. Aber es gibt ja noch so viele andere Heilige und deren Wallfahrtsorte. Allein schon die Namen aufzuzählen, erweckt manchmal Verwunderung: Achatius und Amor, Genoveva und Walburgis, Richildis und Rochus, die Vierzehn Nothelfer und sogar die Siebenschläfer. Zu letzteren gibt es gar keine reguläre Wallfahrt mehr, und nur noch vereinzelt kommen Pilger nach Rotthof in Niederbayern, der einzigen Siebenschläferkirche in Deutschland. Manche Kirchen und Kapellen, die im Mittelalter einmal Wallfahrtsziele waren, sind heute völlig in Vergessenheit geraten und bleiben doch von Sagen und Geheimnissen umwoben wie etwa die Heilig-Kreuz-Kapelle auf der Kyffhäuser-Unterburg oder die Sigismundskapelle in Oberwittighausen am Rande des Taubertals. Die kultur- und kunstgeschichtlichen Rätsel um dieses kleine oktogonale Kirchlein und seinen Namenspatron sind beispielsweise bis heute nicht gelöst. Nicht viel anders geht es mit den Kunigundenkapellen, die sich bis Bamberg quer durch den Steigerwald entlang dem rätselhaften, alten „Kunigundenweg“ reihen, der einmal Wallfahrts- und Handelsweg zugleich war.

So wie Burgen sind ja auch viele Klöster, Kirchen und Dome von Geheimnissen und Sagen umwoben. Ohne Mühe ließe sich ein umfangreicher Band mit Kirchensagen zusammenstellen. Oft führen geheimnisvolle Zusammenhänge weit zurück in heidnische Zeiten, wenn die Kirche in bewußtem Paradoxon heidnische Traditionen aufnahm und fortführte, um sie zu unterbrechen und letztendlich zu zerstören. Keltische Quellheiligtümer gehören ebenso dazu wie Mithrasheiligtümer oder slawische Kultplätze. Die Walterichskirche in Murrhardt, von der noch ausführlicher die Rede sein wird, ist nur ein Beispiel, der Dom von Havelberg (der hier nicht behandelt wird) ein anderes, steht er doch wahrscheinlich genau auf dem Platz, auf dem schon die Slawen dieses Raumes ihr bedeutendstes Heiligtum errichtet hatten.

Je größer, älter und angesehener Kirchen sind, um so stärker sind meistens auch die Verbindungen zu Sage und Geschichte. Wir haben heute vielfach verlernt, sie als eine Einheit von Kult, Kunst und Kultur zu sehen, und wie zum Kult die Legende und der Mythos, so gehören zur Kultur eben auch die Sage und in manchen Fällen sogar das Magische. Viele dieser Kirchen, die immer noch so beeindruckend aus den Häusermeeren der Großstädte herauswachsen, sind lebendige Bindeglieder zu einer manchmal schon vielhundertjährigen Vergangenheit. Und wer denkt an die Toten, die mit den Lebenden gemeinsam in diesen Gotteshäusern das Meßopfer begehen, an die Kaiser und Könige und ihre Frauen in Speyer, an Papst und Kaiserpaar in Bamberg, an Luther und Melanchthon in der Schloßkirche von Wittenberg, an Heinrich den Löwen im Dom zu Braunschweig?

Man muß das Aachener Münster gar nicht als „Astronomie in Stein“ sehen, wie es im vorangegangenen Kapitel aufgezeigt wurde, sondern sollte nur in einem Augenblick der Stille vor dem schlichten Kaiserthron auf der Empore an Karl den Großen denken und an jene deutschen Könige, die nach ihrer Krönung diesen Thron bestiegen und damit symbolisch vom Deutschen Reich Besitz ergriffen. Über den Großen und einst Mächtigen wird man aber die Kleinen nicht vergessen dürfen, von denen die Volksüberlieferung Frommes und Böses, Erbauliches und Schreckliches zu erzählen weiß, etwa beim Grab des „Wilden Habsbergers“ in der Martinskirche in Müllheim im Breisgau, dem Quartier des Seeräubers Störtebeker und seiner Gesellen im Turm der Marienkirche von Marienhafen und vieles andere mehr, von den merkwürdigen Geschichten um Klöster wie Heisterbach, Oybin in der Oberlausitz, Maulbronn und anderen ganz zu schweigen.

Aber nicht nur alte Kirchen und Klöster müssen mit Legenden oder Sagen in Verbindung gebracht werden oder zu den magischen Orten zählen, auch neuere lassen sich unter die merkwürdigen Plätze einreihen, wie etwa das Kloster Schöntal an der Jagst beweist, das der schrullige Abt Benedikt Knittel zu Beginn des 18. Jahrhunderts in ein großes steinernes Buch verwandelte.

Die Gnadenkapelle von Altötting

Bayerns Herz sitzt oder – besser – liegt rechts. Das ist nicht politisch zu sehen, sondern geographisch. Zumindest für den Altbayern ist immer noch Altötting mit seiner Gnadenkapelle im südöstlichen Winkel des Landes auch dessen Herz. Und tatsächlich gilt Altötting nicht nur als der bedeutendste Wallfahrtsort ganz Bayerns, sondern ohne Übertreibung auch als einer der angesehensten in Deutschland. Vor 500 Jahren sollen sich um 1490 die ersten Wunder zugetragen haben, als ein scheinbar ertrunkenes Knäblein vor dem Gnadenbild einer Kapelle wieder ins Leben zurückkehrte, und ein ähnliches Wunder wiederholte sich einige Jahre später. Von da an setzte der Zustrom der Pilger ein. Wie viele es bis heute gewesen sind, läßt sich kaum abschätzen. Doch wenn man bedenkt, daß 1492 bereits 130 000 Pilgerabzeichen verkauft wurden und eine Statistik von 1981 von jährlich mindestens 700 000 Wallfahrern spricht, dürfte man wohl ohne Überschätzung die untere Grenze mit mindestens 50 Millionen ansetzen.

Den Kern des Wallfahrtsbezirkes bildet seit alten Zeiten die achteckige Gnadenkapelle, die „finstere uralte heylige Capel“, wie es in einer Beschreibung heißt. Wir können noch „geheimnisumwoben“ hinzufügen, ohne in den Ruf der Sensationshascherei zu geraten; denn tatsächlich knüpft sich an dieses winzige Kirchlein eine Reihe bisher unbeantworteter kunst- und kulturhistorischer Fragen.

In der Regensburger Schottenlegende wird schon um 1250, als noch niemand an eine

Altötting nach einem Stich von Matthäus Merian in der „Topographia Germaniae“ von 1654.

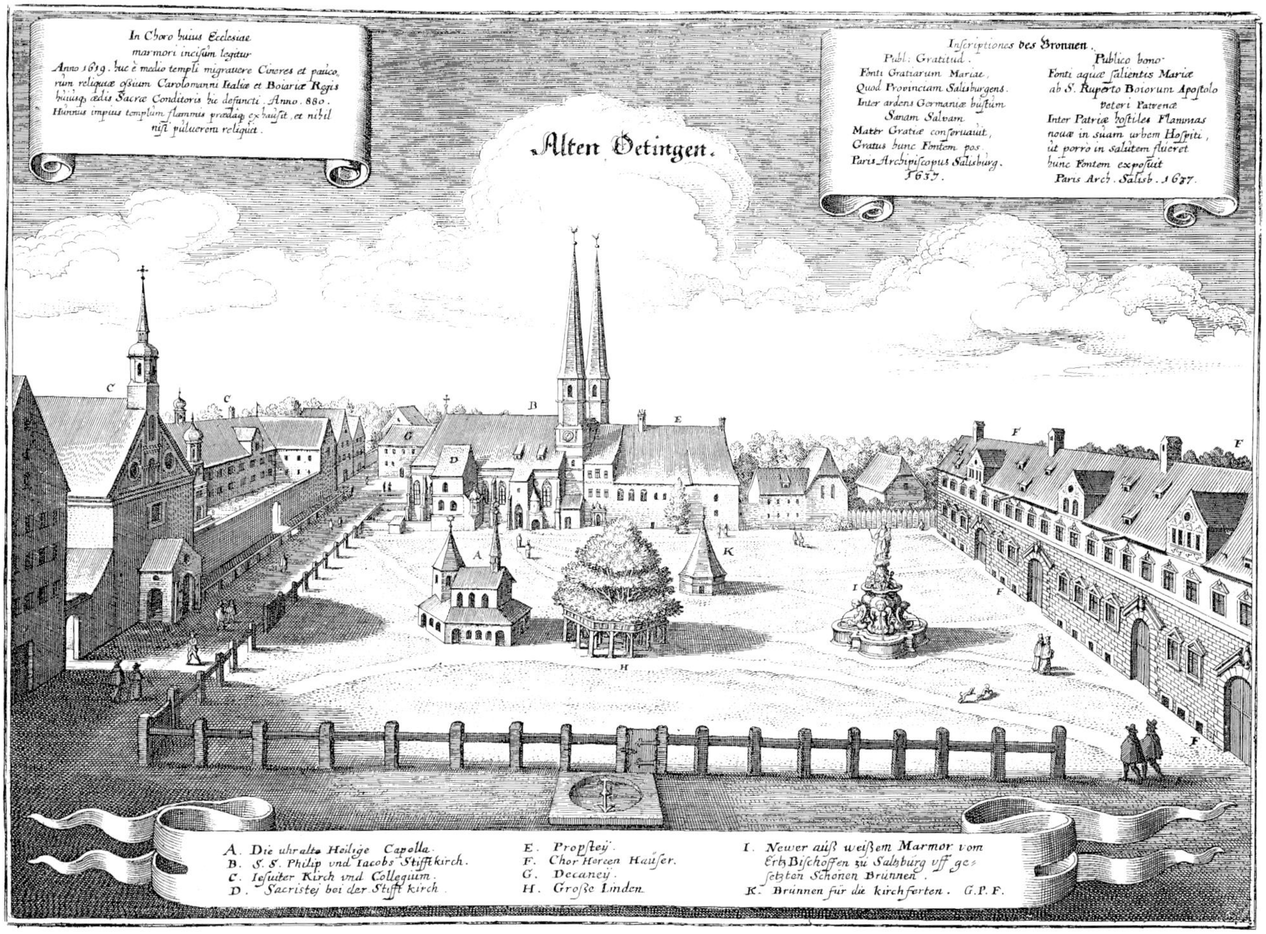

Wallfahrt dachte, Kaiser Karl der Große als Erbauer der Kapelle genannt. Er hatte hier nach Unterwerfung des Baiernherzogs Tassilo im äußersten Ostzipfel seines Fränkischen Reiches eine Pfalz anlegen lassen, die als seine Residenz dienen konnte und deren Mittelpunkt dann eben die kleine Kapelle gebildet hätte. Eine andere Legende besagt sogar, daß diese bereits um 700 vom heiligen Rupert als Taufkirche für den Baiernherzog Odo errichtet worden sei. Die Wissenschaftler sind sich nicht einig, und so wissen die Pilger heute noch nicht, ob sie an der Wiege des christlichen Bayern stehen oder an einer Pfalzkapelle des großen Karl, einem winzigen Abbild sozusagen der berühmten Aachener Pfalzkapelle, die ja auch ein Oktogon bildet. Würde letzteres zutreffen, erhebt sich sofort die Frage, ob vielleicht auch in dieser Kapelle einige astronomische Geheimnisse hineingebaut sein könnten, wie man sie in Aachen vermutet. Bemerkenswert erscheint immerhin, daß die Kapelle auf dem Platz eines römischen Tempels errichtet wurde, wie Ausgrabungen ergeben haben. So reicht die kultische Tradition nun schon fast 2000 Jahre zurück, und die Kapelle selbst ist mehr als 1200 Jahre alt. Das Gnadenbild der „Schwarzen Madonna" stammt wohl erst aus dem beginnenden 14. Jahrhundert und wurde damals für die Kapelle gestiftet.

Es sollten noch einmal fast 200 Jahre vergehen, bis sich mit dem Bild Wunder verbanden und die Wallfahrten einsetzten. Die frommen Pilger denken heute kaum an die rätselhafte Vergangenheit der Kapelle. Sie beten und bitten, bewundern mit leichtem Gruseln die silbernen Urnen mit den Herzen aller jemals in Bayern regierenden Fürsten, die einem altehrwürdigen Brauch gemäß hier in der Kapelle beigesetzt wurden, und bestaunen die vielen Votivbilder und -gaben, die von den erhörten Bitten zeugen.

Die Gnadenkapelle von Kevelaer

In einer Zeit, in der die Kunstform der Ballade nur noch wenig geschätzt wird, erinnert man sich kaum an Heinrich Heines Gedicht „Die Wallfahrt nach Kevelaer", zumal es auch gar nicht zu dem scharfzüngigen Spötter Heine passen will. Im einfachen, volksliedhaft-naiven Ton erzählt es von einem verzweifelten jungen Mann, der durch die Gottesmutter von Kevelaer von seinem Leiden erlöst wird:

„…
Die Mutter folgt der Menge,
Den Sohn, den führet sie,
Sie singen beide im Chore:
Gelobt seist du, Marie!

Die Muttergottes zu Kevlaar
Trägt heut ihr bestes Kleid;
Heut hat sie viel zu schaffen,
Es kommen viel kranke Leut.

Die kranken Leute bringen
Ihr dar, als Opferspend,
Aus Wachs gebildete Glieder,
Viel wächserne Füß und Händ.

Und wer eine Wachshand opfert,
Dem heilt an der Hand die Wund;
Und wer einen Wachsfuß opfert,
Dem wird der Fuß gesund.

Nach Kevlaar ging mancher auf Krücken,
Der jetzo tanzt auf dem Seil,
Gar mancher spielt jetzt die Bratsche,
Dem dort kein Finger war heil.
…"

Als Heine diese Zeilen niederschrieb, war das Wallfahrtsheiligtum am Niederrhein bei Kevelaer noch nicht einmal 200 Jahre alt, doch mindestens ebenso berühmt wie das von Altötting im entgegengesetzten südöstlichen Zipfel Deutschlands. Die fromme Legende erzählt von dem flandrischen Händler Hendrik Bus-

Bismarck als Orgelkonsole in der Basilika von Kevelaer.

mann, dem 1641 auf halbem Wege zwischen Weeze und Geldern eine geheimnisvolle Stimme befahl, dort ein „Heiligenhäuschen“ zu bauen. Zweimal noch mußte die Stimme ihre Mahnung aussprechen, bis der Kaufmann seine Pfennige zusammenkratzte, um das Kapellchen errichten zu lassen. Da wurde seiner Frau von durchziehenden Soldaten ein Heiligenbild zum Kauf angeboten, ein Kupferstich, nicht einmal postkartengroß, mit dem Bild der „Lieben Frau von Luxemburg“. Es bedurfte noch einer Erscheinung, bis sich die sparsame Händlersgattin endlich entschloß, das Bild zu kaufen, das nun in den rasch erbauten Bildstock eingesetzt wurde. Ebenso rasch kam es zu ersten wunderbaren Heilungen. Acht davon bestätigte bald danach eine Bischofssynode. Das unscheinbare Papierbildchen in seinem Heiligenhäuschen erlebte einen solchen Zulauf, daß schon 1649 die sogenannte „Kerzenkapelle“ erbaut werden mußte, und fünf Jahre später die sechseckige Gnadenkapelle. Ihren Altar zierte ein größeres Marienbild, das aber 1929 entfernt wurde, da es viele Wallfahrer mit dem eigentlichen Gnadenbild verwechselten, das auf der Rückseite des Altares steht.

Die heutige große Marienkirche neben dem Kapellchen ist ein Bau aus der Mitte des 19. Jahrhunderts. Sie birgt ein kleines Kulturkuriosum, das gar nichts mit der Marienverehrung zu tun hat. Denn die Konsolen der Orgelempore zeigen als Kopfmasken die Bildnisse des Fürsten Bismarck und der Mitglieder seines Kabinetts. Sie stammen aus den siebziger Jahren des 19. Jahrhunderts, als sich Bismarck im sogenannten Kulturkampf gegen die katholische Kirche stellte. So muß er nun seit mehr als 100 Jahren zur Strafe grimmigen Gesichtes den Zustrom der Pilger in die Kirche beobachten und den Klang der Orgel aus nächster Nähe über sich ergehen lassen.

Die „Vierzehn Nothelfer“ von Vierzehnheiligen

Manche Bauwerke muß man unbedingt in der Verbindung mit Landschaft und Natur sehen, am besten und schönsten sogar zu einer bestimmten Jahres- und Tageszeit. Die Wallfahrtskirche Vierzehnheiligen nahe Lichtenfels in Franken gehört dazu. Den unvergeßlichsten Anblick bietet sie an sonnigen Herbstnachmittagen, wenn die Wälder sich schon gefärbt haben und einen goldenen Hintergrund zu Balthasar Neumanns Meisterwerk bilden. Zwischen 1744 und 1772 wurde der Bau nach erheblichen Schwierigkeiten und Problemen in der Planung endlich errichtet. Er steht an der Stelle eines Wallfahrtsheiligtums aus der Mitte des 16. Jahrhunderts, das seinerseits eine Wallfahrtskapelle aus dem 15. Jahrhundert ablöste. Diese wiederum erinnerte an ein Wunder, das sich an der Stelle zutrug. Es scheint, daß nicht nur die Wallfahrtskirche den schönen Herbsttag hier in Franken braucht, sondern auch das

Die Wundererscheinungen von Vierzehnheiligen nach einem Holzschnitt des 17. Jahrhunderts.

Wunder, denn gerade an einem Herbsttag des Jahres 1454 erblickte Hermann Leicht, der junge Schäfer des Klosters Frankenthal, auf einem Acker ein Kindchen, das ihn anlächelte. Doch als er nähertrat, verschwand es, erschien aber bald ein zweites Mal, doch nun standen zwei brennende Kerzen an seiner Seite. Als er den Eltern von der Erscheinung erzählte, geboten sie ihm Stillschweigen. Erst am 29. Juni 1456 erschien ihm das Kind an der gleichen Stelle ein drittes Mal, doch nun umgeben von 14 anderen Kindern. Sie verkündeten ihm, daß sie die Vierzehn Nothelfer seien und an diesem Platz eine Kapelle errichtet haben wollten. Als der Schäfer das erzählte, stieß er selbst in dieser wundergläubigen Zeit auf Spott und Ablehnung. Doch bald danach erkrankte eine Magd schwer, ihr Zustand schien hoffnungslos, als sie aber darum bat, auf den Acker nach Frankenthal gebracht zu werden, wurde sie sogleich gesund. Dieser Vorfall wandelte die öffentliche Meinung. Man glaubte dem Schäfer, errichtete zunächst ein Kreuz, danach eine Kapelle an dem Platz, der nun rasch zu einem in ganz Franken beliebten Wallfahrtsort aufstieg.

Den Vierzehn Nothelfern ist heute auch der Gnadenaltar in der Basilika geweiht, aber nicht als Kinder erscheinen sie hier, sondern als Erwachsene – mit Ausnahme natürlich des Knaben Veit, der seine wichtige Helferfunktion schon als Jugendlicher übernehmen mußte. Die Kunstgeschichten und -führer informieren sorgfältig über die künstlerischen Einzelheiten von Altar und Kirche, über die Nothelfer selbst erfährt man aber meistens zuwenig. Dabei kann man sie nirgends so prachtvoll in Lebensgröße sehen wie hier. Am meisten fällt natürlich der Bischof Dionysios auf, weil ihm so makaber-realistisch ein Knochenstumpf aus dem Halse ragt, während er sein Haupt fast zärtlich in den Händen hält. Dann stehen da der Riese Christopherus, der Jäger Eustachius, Panthaleon, dem sie die Hände auf das Haupt genagelt haben, Katharina mit Rad und Schwert, Margareta mit dem Drachen, Barbara mit dem Turm und sieben weitere dazu, alle mit ihren Attributen und mit ihren fest umrissenen Aufgaben für die Gläubigen, wie etwa Cyriakus als Patron gegen Anfechtungen und bei schwerer knechtischer Arbeit, Blasius bei hartnäckigen Halsleiden, Dionysios bei unerträglichen Leibschmerzen. Es ist eine reizvolle Lektion in Heiligen- und Attributenkunde, die man in dem so prachtvoll renovierten, in Weiß und Gold erstrahlenden Kirchenraum rund um den Altar bekommt, so liebenswürdig, daß man sie gerne einmal nutzt. Und wenn man dabei vielleicht auch ein wenig über die ewigen Sorgen und Nöte der Menschen nachdenkt, haben die Vierzehn ganz unabhängig von ihren sonstigen Aufgaben ein wichtiges Ziel schon erreicht.

St. Ursula in Köln

Die Pfarrkirche St. Ursula in Köln zählt gewiß nicht zu den kunstgeschichtlich berühmten und daher von den Touristen gern besuchten

Kirchen der Stadt, wohl aber zu den bemerkenswertesten. Schließlich ist die heilige Ursula die Schutzpatronin Kölns und ihrer Bürgerinnen, die elf Flammen im Wappen der Stadt erinnern an sie und ihre Gefährtinnen, die hier den Märtyrertod erlitten, und von Köln aus verbreitete sich der Ruhm der Heiligen über das ganze Abendland. Manche werden ihre seltsame Geschichte aus der mittelalterlichen „Legenda Aurea" des Jacobus de Voragine kennen, andere wieder aus dem berühmten Ursula-Zyklus des venezianischen Malers Carpaccio in der Accademia in Venedig oder vielleicht auch von Hans Memlings Reliquienschrein im Sint-Jans-Hospital in Brügge.

Die Legende erzählt, Ursula sei die Tochter eines Königs von Britannien gewesen. Als ein heidnischer Königssohn von England um sie freite, stellte sie die Bedingung, dieser müsse drei Jahre auf sie warten und sich inzwischen selbst zum Christentum bekehren. Von ihrem Vater aber erbat Ursula zehn Jungfrauen als Gefährtinnen und für jede von ihnen noch 1000 Mägde, wie für sie selbst. Diese 11 000 oder 11 011 Jungfrauen brachen zu Schiff nach Rom auf. Als sie rheinaufwärts durch Köln fuhren, verkündete ihnen ein Engel, sie würden wieder dorthin zurückkehren und die Märtyrerkrone empfangen. In Rom begrüßte sie Papst Cyriacus, der selbst aus Britannien stammte, mit hohen Ehren. Auch ihm ließ Gott verkünden, daß er mit den Jungfrauen den Märtyrertod erleiden solle. Darauf teilte er dem Klerus von Rom mit, daß er diese zurück nach Köln begleiten werde. Die Legende arbeitet einen realistischen, fast burlesken Zug recht schön heraus, indem sie erzählt, daß die empörten Kardinäle dem Papst vorwarfen, er laufe den jungen Weibern nach, und ihn absetzten. Die 11 000 kehrten jedenfalls gemeinsam mit dem ehemaligen Papst nach Norden zurück, wo sie in Köln der Verlobte Ursulas erwarten wollte, der sich inzwischen zum Christentum bekehrt hatte. Aber die Stadt wurde gerade von den Hunnen belagert, und diese erschlugen alle 11 000 Jungfrauen, den Papst und den Prinzen. Nur Ursula selbst wurde wegen ihrer Schönheit von deren König – die Legende behauptet, es sei Etzel gewesen – geschont. Doch als sie sein Angebot einer Heirat zurückwies, tötete er auch sie durch einen Pfeilschuß.

Die Beisetzung der heiligen Ursula. Ausschnitt aus einem Gemälde von Carpaccio in Venedig.

Schon die „Legenda Aurea" weist ausdrücklich auf Probleme in der zeitlichen Datierung der Ereignisse hin, und es ist kaum möglich, einen historischen Kern aus der Geschichte herauszuschälen. Tatsächlich wurde laut einer Inschrift in der Chorwand die „Kirche der heiligen Jungfrauen", wie sie ursprünglich genannt wurde, an der Stelle einer schon um die Mitte des 4. Jahrhunderts zerstörten Totenmemorie errichtet. Sie lag damals noch außerhalb der Stadt im Bereich eines antiken Gräberfelds an der Straße nach Neuß. Als zu Beginn des 12. Jahrhunderts im Zuge der Stadterweiterungen erste zufällige Grabungen hier im Bereich des „ager Ursulanus" vorgenommen wurden, stieß man auf zahlreiche Gräber, darunter auffallend viele von Frauen. Daraufhin entwik-

Eine Figurengruppe in der Brunnenkapelle zu Kleinhelfendorf zeigt in drastischer Form die Ermordung des heiligen Emmeram.

kelte sich ein regelrechter, ungemein schwungvoller Handel mit den begehrten Reliquien. Vor allem eine Äbtissin des Klosters Schönau soll sich dabei besonders hervorgetan haben. Das Zisterzienserkloster Altenberg soll heute noch an die 1000 Schädel aus dem Gräberfeld von St. Ursula besitzen!

Entsprechend große Verehrung erlangte die Kirche, und mitten im Dreißigjährigen Krieg, in einer Zeit tiefer Memento-mori-Stimmung, erhielt sie eine besondere Ausstattung. Der Kaiserliche Rat Johann von Crane und seine Frau Verena stifteten in einer Seitenkapelle die sogenannte Goldene Kammer. Die Kunstführer betonen, daß in diesem Werk „Todesmystik und barocke Prachtentfaltung" verschmelzen. Tatsächlich bietet sich dem Besucher ein eigenartig makabrer Anblick, ein Todesinszenario, wie es eben nur das Barockzeitalter schaffen konnte. 116 Reliquienbüsten sind in den Wandnischen aufgestellt. In den Spitzbogenwänden über dem Holzgeschränk hat man Tausende menschlicher Knochen in fast kindlich anmutender fröhlicher Spielfreude mit dem Tod zu Ornamenten, Symbolen und Worten zusammengefügt. Die Büste der heiligen Ursula aber grüßt freundlich vom Altar und erinnert daran, daß diese Kapelle ihr Begräbnisplatz sein soll.

St. Emmeram in Regensburg

Unsere Wallfahrt zum heiligen Emmeram in Regensburg beginnen wir am besten in Kleinhelfendorf im Landkreis München. Dort nämlich wurde der Heilige am 22. September 652 vom Sohn des Baiernherzogs Theodor und dessen Spießgesellen ermordet. Die Brunnenkapelle gibt in Wort und Bild eine erschöp-

Steinplastik des Hl. Emmeram an der Eingangshalle zur gleichnamigen Kirche in Regensburg.

fende Auskunft über den schrecklichen Tod des Heiligen. Eine gereimte Moritat an der Kapellenwand beschreibt in allen Einzelheiten die Tat. Die Vorgeschichte allerdings muß dem Besucher schon bekannt sein.

Emmeram war 649 mehr oder minder zufällig nach Regensburg, der Hauptstadt des jungen Herzogtums Baiern, gekommen. Der aus der Gegend von Poitiers stammende Wandermissionar wollte eigentlich zu den Awaren im heutigen Ungarn, um ihnen die Botschaft des Christentums zu verkünden, doch überredete ihn der Baiernherzog, in seinem Land zu bleiben, wo es zum einen viel zuwenig Priester gab und zum anderen infolgedessen der christliche Glaube verlottert und von heidnischen Bräuchen überwuchert war.

Emmeram oder Heimeran erwies sich als tüchtiger Priester und Missionar, stand bald allgemein in hohem Ansehen und wurde schließlich sogar zum Bischof von Regensburg ernannt. Die Geschichte seines Martyriums, wie sie Bischof Arbeo von Freising gut ein Jahrhundert danach in allen Einzelheiten übermittelt hat, läßt sich zwar an den äußeren Fakten, nicht aber in den viel wesentlicheren Hintergründen leicht rekonstruieren. Gleichsam ein blutiger Nebel hat das Geschehen eingehüllt und verhindert einen klaren Durchblick.

Angeblich erwartete die Tochter des Herzogs von einem jungen Adligen ein Kind und fürchtete den Zorn des Vaters. Sie suchte Rat und Hilfe bei Emmeram. Da dieser eben im Begriff war, nach Rom zu ziehen, soll er ihr geraten haben, nach einiger Zeit zu behaupten, er selbst sei der Vater, angeblich in der Hoffnung, dann schon genügend Distanz zwischen sich und dem herzoglichen Zorn gebracht zu haben. Bis zu seiner Rückkehr, so meinte er, würde sich schon alles aufgeklärt haben. Es bleibt rätselhaft, wie ein doch offensichtlich so kluger Mann einen so törichten Rat geben konnte. Die Folgen zeigten sich auch sogleich, da die Herzogstochter viel zu früh ihren Fehltritt bekannte. Ihr Bruder eilte daraufhin Emmeram mit seinen Leuten nach, erreichte ihn eben bei Kleinhelfendorf, wo er ihn entmannte und verstümmelte. Die Begleiter des Bischofs versuchten, den Schwerverletzten zwar noch nach Regensburg zurückzubringen, doch starb er schon nach wenigen Kilometern in Aschheim, wo man ihn beisetzte.

Das alles liest man eben nicht nur erbaulich in der Legende, sondern erschröcklich in der Moritat an der Kapellenwand, mehr noch, der Überfall ist auch in lebensgroßen Figuren höchst anschaulich im Chor des Kirchleins dargestellt, wobei die Steinplatte, auf der die Figur des Heiligen liegt, sogar die gleiche sein soll, auf der Emmeram tatsächlich ermordet wurde.

Wie nicht anders zu erwarten, erfaßte den Herzog tiefe Reue, als die Wahrheit ans Licht kam. Er ließ den Leichnam des rasch in den Ruf der Heiligkeit gelangten Emmeram feierlich nach Regensburg bringen und in der Georgskapelle innerhalb des frühchristlichen Gräberfeldes beisetzen. Im 8. Jahrhundert wurden die Gebeine dann in die Krypta der Benediktinerabtei überführt, über der die nach Emmeram benannte Stiftskirche entstand.

Die Wallfahrt hierher gilt nicht nur den Reliquien dieses Heiligen sondern auch dem heiligen Wolfgang, dem Bischof und Stadtpatron von Regensburg, einem der bedeutendsten Kirchenfürsten des bayerisch-österreichischen Raumes, an den auch die schöne Kirche in St. Wolfgang am gleichnamigen See erinnert, und der 994 starb und bei seinem Vorgänger beigesetzt wurde. Ramwold, der dritte hier beigesetzte Heilige, war ein Zeitgenosse Wolfgangs und wirkte als Abt im Kloster von St. Emmeram.

Die Wallfahrtskirche in Rulle

Ein gutes Dutzend Wallfahrtsorte zum Heiligen oder Kostbaren Blut gibt es in Deutschland, die alle durch einander ähnelnde Entstehungslegenden verbunden sind. Das nördlich von Osnabrück gelegene Rulle bietet ein schönes und zugleich merkwürdiges Beispiel einer solchen Legende. Die Gegend wurde bereits in fränkischer Zeit christianisiert. Offensichtlich lag hier einmal ein heidnisches Quellheiligtum, über dem, wie so häufig, eine christliche Kirche errichtet wurde. Als 1246 ein Zisterzienserinnenkloster vom benachbarten Haste nach Rulle verlegt wurde, bezog man die alte Quelle in die Anlage ein, die daraufhin den Namen „Marienbrunn“ erhielt. Zur Untermauerung der Tradition war eine Legende erforderlich. Sie erzählt von einem taubstummen Hirten, der an der Stelle des jetzigen Brunnens einen roten Stab fand, auf dem in goldenen Buchstaben „Marienbrunn“ stand. Er zog ihn aus der Erde, und sogleich entsprang dort eine Quelle. Als er das Wasser trank, konnte er wieder hören und sprechen. Die Legende gerät bei dieser Erklärung offensichtlich in Schwierigkeiten, denn das Wasser des Brunnens, der heute an der Westseite des Wallfahrtsheiligtums in einer Kapelle liegt, hilft eigentlich bei Augenkrankheiten, aber ein blinder Hirte hätte ja den Stab nicht finden können!

Die große Zeit von Rulle kam allerdings erst nach 1347. Was damals geschah, erfahren wir erst aus einer Chronik 200 Jahre später. Bei einem Einbruch ins Kloster wurde neben den Gold- und Silbergeräten aus dem Tabernakel eine Elfenbeindose mit fünf geweihten Hostien geraubt. Zwei Wochen später wurde die Dose am Sonntag vor Martini in der Luft schwebend, von brennenden Lichtern umgeben, wieder aufgefunden. Daraufhin kam die gesamte Geistlichkeit von Osnabrück nach Rulle, man öffnete die Dose und fand die fünf Hostien im Blut, einer anderen Version der Legende zufolge hatten sie sich sogar in fünf Fleischstückchen verwandelt. Das Blut, so

Die Wallfahrtskirche in Rulle geht in ihren Ursprüngen auf das 12. Jahrhundert zurück.

wurde übereinstimmend berichtet, war „viellen menschen so kranck und preßhafft waren und in ihren Nöthen hülff und trost begehrten, ein sicheres Mittel ...“ Die Hostiendose wurde in eine Turmmonstranz eingefügt, und diese „Blutmonstranz“ wird an den großen Wallfahrtstagen ausgestellt. So verbinden sich heidnisches Quellheiligtum und spätmittelalterlicher Wunderglaube bis heute zu einer Einheit.

Wir werden nicht versäumen, den Besuch der Wallfahrtskirche mit einem Ausflug auf den Spuren der Wittekind-Sage zu nutzen, im Nettetal erst die Östringer Steine, ein jungsteinzeitliches Großsteingrab, und von da aus die „Wittekindsburg“ besuchen, von der schon im Zusammenhang mit der Babilonie bei Lübbecke die Rede war.

St. Walburg in Eichstätt

Die Abtei St. Walburg in Eichstätt mit der frühbarocken Walburgiskirche gehört gewiß nicht zu den berühmtesten Wallfahrtsorten in Deutschland, aber sie ist doch in mancherlei Hinsicht bemerkenswert und darf deshalb auch zu den merkwürdigen heiligen Plätzen in Deutschland gezählt werden. Immerhin scheint ja die Heilige auch heute noch brav und vor allem regelmäßig ein sichtbares Wunder zu wirken; denn aus dem Steinsarg hinter dem Hochaltar, in dem die Reliquien der heiligen Walburgis beigesetzt sind, sickert seit nunmehr rund 900 Jahren etwa vom 12. Oktober bis zum 25. Februar das sogenannte „Walburgisöl“, eine wasserhelle, geruch- und geschmacklose Flüssigkeit, die von den im Kloster wirkenden Benediktinerinnen in silbernen Schalen aufgefangen, abgefüllt und in alle

Das Grab der heiligen Äbtissin Walburgis in Eichstätt.

Welt verschickt wird, gilt das „Öl" doch besonders als Hilfsmittel bei Augenleiden, aber auch bei Kinderkrankheiten. Die zahlreichen Votivbilder, mit denen die Gruft über und über behängt ist, zeugen von Heilungen und Gebetserhörungen. Der Sage nach hat das Öl noch eine andere Aufgabe, soll es doch verhindern, daß der „Ordelbach", ein künstlicher Wasserabfluß hinter dem Kloster in die Altmühl, sein Becken sprengt und die Stadt überflutet. Deshalb mußten früher die Klosterfrauen regelmäßig ein paar Tropfen Öl in den Kanal gießen.

Um die Gestalt der heiligen Walburga ranken sich mehr Sagen und Legenden als um manche andere Heilige. Sie hatte schon als Mädchen um 720 ihren Vater, einen englischen Kleinkönig, auf einer Pilgerreise nach Rom begleitet. Danach war sie in einem südenglischen Kloster erzogen worden. Als ihre Brüder, die heiligen Wunibald und Willibald, im Auftrag von Bonifatius ihre Missionsarbeit in Franken aufgenommen hatten, folgte ihnen die Schwester zusammen mit dreißig Gefährtinnen. Anfangs wirkte sie im Mainfränkischen, als 761 Wunibald in seinem Kloster Heidenheim am Hahnenkamm bei Gunzenhausen starb, übernahm sie dieses Kloster und wurde rasch berühmt durch die wunderbare Errettung eines schwerkranken Mädchens. 779 starb Walburga und wurde in Heidenheim beigesetzt. Ein Besuch der kaum bekannten Anlage lohnt auch heute; denn noch sind dort die bemerkenswerten Grabtumben Wunibalds und Walburgas erhalten.

Die Legende erzählt, daß die Heilige allerdings mit dem Grab nicht zufrieden gewesen und dem Bischof von Eichstätt im Traum erschienen sei, um sich bei ihm zu beklagen. Das hätte sie besser nicht tun sollen; begann doch nun eine merkwürdige Odyssee ihrer Gebeine. Diese wurden nach Eichstätt überführt. Schon kurz vor 900 gingen einige Reliquien in das neugegründete Kloster nach Monheim zwischen Eichstätt und Augsburg, so daß dort bald wie in Eichstätt gleichermaßen Wunder geschahen. Die Monheimer dankten es der Heiligen wenig; denn die Reliquien gingen dort während der Reformation verloren. Weitere Reliquien kamen nach Köln, München und sogar nach Flandern.

Walburga gehört zu den bekanntesten und beliebtesten Heiligengestalten des Mittelalters. So ist es nicht verwunderlich, daß man sie auch als Beschützerin gegen Zauberkünste und Hexerei verehrte. Da ihr Fest ursprünglich am 1. Mai gefeiert wurde (heute erster Sonntag im Mai) und nach alter Volksmeinung Hexen und Dämonen sich in der Nacht zuvor tummeln dürfen, wurde ausgerechnet sie zur Namenspatronin für die sogenannte Walburgisnacht (vgl. Brocken).

Das Genovevagrab in Fraukirch

Fraukirch bei Thür im Bistum Trier läßt sich bequem von Koblenz aus in 20 km Fahrt westwärts erst auf der B 258 und ab Hausen weiter auf der Landstraße erreichen. Die Wallfahrt dort mit ihrem Hauptfest am ersten Sonntag im August geht zur Schmerzhaften Gottesmutter und zur heiligen Genoveva, die in der Kirche begraben sein soll. Wieder einmal vermischen sich Geschichte, Sage und Legende eng bei der Geschichte dieser Heiligen. Die Historie berichtet, daß Genoveva 422 in Nanterre in Frankreich geboren wurde und 502 in Paris starb. Dort hatte sie zeit ihres Lebens als ein wahrer Engel der Barmherzigkeit gewirkt und sich besonders in den häufigen Seuchenzeiten ohne Schonung der eigenen Person um die Kranken gekümmert. Schon bald nach ihrem Tode wurde sie als Heilige verehrt und ihr zu Ehren an der Stelle des heutigen Pantheons eine Kirche errichtet. Im Mittelalter galt sie dann als eine der populärsten Heiligen in Frankreich. Sie war Schutzpatronin der Hirten, Wachszieher, Hutmacher und Weinbauern. Sie half bei Augenleiden, Blattern, Pest und im Kriege. Ihre Popularität störte während der Französischen Revolution die jakobinischen Machthaber, und sie ließen ihre Gebeine verbrennen und den Sarg einschmelzen.

Die Legende sieht die Geschichte ganz anders, zumindest hat sie um 1500 ein Mönch des Klosters Andernach völlig neu erzählt. Danach war Genoveva die schöne Gattin des Pfalzgrafen Siegfried, der zur Zeit Karls des Großen in Trier residierte. Als er mit dem Kaiser gegen die Mauren ziehen mußte, überließ er sein Weib der Obhut des Ritters Golo. Dieser versuchte Genoveva zu verführen, als ihm das nicht gelang, verleumdete er sie beim Pfalzgrafen und behauptete, ihr neugeborenes Kind stamme von einem Liebhaber. In allen Einzelheiten erzählt nun die Sage, wie Genoveva von ihrem aufgebrachten Gatten zum Tode verurteilt, von ein paar treuen Dienern aber gerettet wurde. Sechs Jahre mußte sie

Die Genoveva-Legende gehörte einmal zu den beliebtesten populären Lesestoffen und wurde auch gern illustriert, wie dieser Holzschnitt von Adolf Erhardt aus dem 19. Jh. zeigt.

mit ihrem Söhnchen in einer Höhle zubringen, genährt nur von der Milch einer Hirschkuh. Als der Pfalzgraf dann eines Tages im Wald jagte, verfolgte er eben dieses Tier, das sich zu seiner Herrin flüchtete. Es kam, wie nicht anders zu erwarten, zu einer rührenden Wiederbegegnung. Siegfried versöhnte sich mit seinem Weib und schloß gerührt seinen Knaben und rechtmäßigen Erben in die Arme, während der böse Golo seine gerechte Strafe erhielt und von vier Ochsen zerrissen wurde. Genoveva kehrte mit ihrem Gemahl in die Pfalz zurück, lebte dort aber nur noch wenige Wochen. Nach ihrem Tode erbaute der Graf die Kapelle Fraukirch, wo er Genoveva beisetzen ließ und auch selbst später bestattet wurde.

Die Bevölkerung feierte bis gegen Ende des 18. Jahrhunderts die Wiederauffindung der heiligen Genoveva am Vorabend des Dreikönigsfestes und ihren Todestag am Ostermontag. Dabei fanden Ritterspiele mit Kämpfen zwischen Rittern und Sarazenen statt. Die

Bürger der nahen Stadt Mayen sind stolz auf die alte Tradition und benennen heute noch ihre schon aus dem frühen Mittelalter stammende Burg nach der Pfalzgräfin.

Die katholische Kirche hat selbstverständlicherweise den Genoveva-Kult in Fraukirch nie offiziell anerkannt, aber der 1664 erstandene Barockaltar der Wallfahrtskirche zeigt trotzdem Bilder aus der Genoveva-Legende, und bis zum Beginn unseres Jahrhunderts waren die Chorwände vollgekritzelt mit den Namen von Menschen, die hier am nicht vorhandenen Grabe einer nicht legitimierten Heiligen trotzdem Trost und Hilfe gefunden hatten.

Der Heilige Rock in Trier

Wann die öffentliche Verehrung des sogenannten Heiligen Rockes im Dom zu Trier einsetzte, wissen wir genau. Wann diese Reliquie aber in die Stadt kam, kann man nur einigermaßen sagen. Alles andere, vor allem die Frage nach ihrer Herkunft und Echtheit, bleibt im Dunkel und hat so heftige Diskussionen ausgelöst wie die Frage nach der Echtheit des Turiner Grabtuches. Die Legende erzählt, daß die heilige Helena, die Mutter Kaiser Konstantins, der wir ja auch die Wiederauffindung des Kreuzes Christi verdanken, dessen Leibrock, von dem im Johannes-Evangelium (19,23) die Rede ist, in Jerusalem wiederentdeckt, nach Trier gebracht und dem dortigen Bischof Agritius geschenkt habe. Die Vita des Bischofs nennt noch andere Reliquien, die zusammen mit dem Rock nach Trier gelangten, darunter einen Nagel vom Kreuz Christi. Die Herkunft dürfte zutreffen, aber erst um das Jahr 1000 tauchte eine angebliche Urkunde des Papstes Silvester II. auf, worin der Heilige Rock als Besitz der Trierer Kirche erwähnt wird. 1196 ließ Erzbischof Johann den Rock von einem Seitenaltar in den Hauptaltar übertragen. Trotzdem war die Reliquie weiterhin profanen Blicken entzogen. Sie blieb dort, bis Kaiser Maximilian I. 1512 zu einem Reichstag nach Trier kam. Da überredete er Erzbischof Richard von Greiffenklau, den Rock öffentlich zur Schau zu stellen. 23 Tage lang strömten Menschen herbei, um die Reliquie zu sehen. Schon damals sollen an die 100 000 gekommen sein. Obzwar die Ausstellung fortan in siebenjährigen Abständen erfolgen sollte, ließ sich dieser Rhythmus in den häufigen Kriegszeiten nicht aufrechterhalten. Zeitweilig mußte die Reliquie sogar in Sicherheit gebracht werden, so etwa 1794 vor den französischen Revolutionstruppen erst nach Würzburg und von da über Bamberg nach Augsburg. Ihre Rückkehr 1810 wurde mit einer großen Ausstellung gefeiert, zu der rund 200 000 Pilger kamen. Einen Höhepunkt erlebte die Verehrung unter Bischof Wilhelm Arnoldi. Er ließ die Tradition wiederaufleben, und schon zur ersten Ausstellung 1844 kamen eine Million Pilger, eine für damalige Verhältnisse geradezu ungeheuere Zahl.

Inzwischen mehrten sich aber auch die kritischen Stimmen, die eine Echtheit des Rokkes bezweifelten. 1891 erfolgte deshalb im Auftrag von Bischof Michael F. Korum eine sorgfältige Untersuchung durch eine Gruppe von Wissenschaftlern. Sie kamen zu dem Ergebnis, es handele sich um eine Tunika, wie sie zwischen dem 1. und 4. nachchristlichen Jahrhundert getragen wurde. Der Heilige Rock ist heute aus vier Stofflagen gebildet, die eigentliche Reliquie besteht dabei aus brauner Baumwolle. Natürlich wird nie jemand sagen können, ob Christus den Rock getragen hat. Längst gilt die Reliquie deshalb auch in erster Linie als Symbol für die Einheit der Christen, eine angemessene und sinnvolle Deutung. Die Pilger lassen sich von solcher Deutung aber nicht abhalten, so kamen noch zur letzten Heiltumsweisung 1991 rund 1,7 Millionen Menschen aus aller Welt nach Trier.

Der Dom zu Paderborn

Alljährlich wird am Samstag nach dem 23. Juli in Paderborn das Hochfest des heiligen Liborius gefeiert. Zu dem gleichzeitigen Volksfest strömen mehr als eine Million Besucher und Pilger der näheren und weiteren Umgebung

Christliche Eheleute haben sich hier verlobt und durch die Fürbitte Mariens Hilfe erlangt.
Maria hat geholfen Maria wird noch weiters helfen. Gott und Maria sei Dank
Maria hat geholfen Maria wird auch weiter helfen.
Der allerseligsten Gottes Mutter sei Dank gesagt
EXVOTO
EX VOTO 1866
Maria hat geholfen
Maria hat geholfen

Vorhergehende Seite: Das Bild der „Schwarzen Madonna“ in der Gnadenkapelle von Altötting stammt wohl aus dem 14. Jahrhundert und wurde eigens für die damals schon altehrwürdige Kapelle gestiftet. Aber erst etwa 200 Jahre später verbanden sich mit dem Bild Wunder, und dann setzten allmählich die Wallfahrten ein, die bis heute nicht mehr abgerissen sind.

Die zahlreichen Votivbilder *(links)* in der Gnadenkapelle von Altötting zeugen von erhörten Bitten der Gläubigen. Sie sind zugleich reizvolle Zeugnisse echter Volksfrömmigkeit.

Das bedeutendste Wallfahrtsheiligtum in Westdeutschland ist die Gnadenkapelle in Kevelaer *(oben)*. Die Wallfahrten hierher begannen erst im 17. Jahrhundert. Die sechseckige Gnadenkapelle wurde schon 1654, bald nach Einsetzen der ersten Wallfahrten zu dem kleinen Gnadenbild der „Lieben Frau von Luxemburg“ erbaut. Die große Marienkirche neben der Kapelle stammt aus der Mitte des 19. Jahrhunderts.

Immer wieder beeindruckt die Wallfahrtskirche Vierzehnheiligen in Franken, ein Meisterwerk Balthasar Neumanns, den Betrachter. Sie wurde um die Mitte des 18. Jahrhunderts an der Stelle einer Wallfahrtskapelle errichtet und grüßt heute weit in das fränkische Land hinein *(links)*.
Der Nothelfer-Altar in der Basilika *(oben)* zeigt den frommen Pilgern und den kunstbeflissenen Touristen die 14 Nothelfer in Lebensgröße, darunter auch den Bischof Dionysos, der sein ihm abgeschlagenes Haupt in den Händen trägt.

Folgende Doppelseite: Vom Gnadenaltar in der Basilika Vierzehnheiligen geht der Blick hinauf in die Kuppel mit dem Deckenfreskao Giuseppe Appianis, die als Hauptthemen die Glorie der Nothelfer und die Verkündigung und Geburt Christi zeigen.

Die Kirche St. Ursula in Köln oder „Kirche der heiligen Jungfrauen“, wie sie früher genannt wurde, gehört zwar nicht zu den kunsthistorisch wohl aber zu den religionsgeschichtlich bedeutsamsten der Stadt, denn von hier aus verbreitete sich der Kult der Heiligen und ihrer Gefährtinnen über das ganze Abendland. Der Chor mit seinen meisterlichen Steinmetzarbeiten wird der Dombauhütte zugeschrieben. Hinter dem gotischen Hochaltar mit den 11 Junfrauenstatuetten steht der Ursulaschrein *(oben)*.
Eine Besonderheit birgt die Kirche in der „Goldenen Kammer“, mit einem Todesinszenario, wie es nur das Barockzeitalter schaffen konnte. In den Wandnischen sind 116 Reliquienbüsten aufgestellt und in den Spitzbogenwänden über dem Holzgeschränk wurden tausende menschlicher Knochen zu Ornamenten, Symbolen und Worten zusammengefügt *(links)*.

Seit dem 8. Jahrhundert ruhen die Gebeine des heiligen Emmeram in der nach ihm benannten ehemaligen Benediktinerabtei *(linke Seite)*. Über dem Grab wurde schon bald eine Kirche errichtet, in der im Laufe der Jahrhunderte die Reliquien mehrfach umgebettet wurden. Ihre heutige Gestalt erhielt die Kirche im 18. Jahrhundert durch die Brüder Asam in München. Die erste Grabstätte des Heiligen steht heute im Georgschor, das eigentliche Grab befindet sich in der Emmeramskrypta.

Das Wallfahrtsheiligtum St. Ulrich in Rulle birgt eine alte wundertätige Quelle, die heute in eine kleine Kapelle eingefügt ist *(links)*. Aber nicht zu ihr gehen die Wallfahrten, sondern zu einem Hl.-Blut-Wunder. Das Votivbild *(oben)* zeigt das Ereignis, als um die Mitte des 14. Jahrhunderts eine geraubte Hostiendose mit fünf blutenden Hostien auf wunderbare Weise wiedergefunden wurde. In die „Blutmonstranz" eingeschlossen, ist diese Dose heute noch Gegenstand frommer Verehrung.

Das Kloster St. Walburg in Eichstätt *(rechts)* birgt das Grab der Äbtissin Walburgis. Die aus England stammende Heilige hatte wie ihre Brüder, die Heiligen Willibald und Wunibald, im 8. Jahrhundert in Franken geweiht. Sie starb im Kloster Heidenheim, wo sich heute noch ihre erste Grablage befindet, wurde dann aber nach Eichstätt überführt, wo ihr Grab gläubige Verehrung genießt, wie auch die zahlreichen Votivtafeln beweisen *(oben)*.

Die Wallfahrtskirche Fraukirch westlich von Koblenz *(links)* soll das Grab der heiligen Genoveva bergen. Die märchenhafte Legende von ihrem Leben und ihrer wunderbaren Errettung, die einmal als Erzählstoff ungemein beliebt war, ist in allen Einzelheiten auf dem Barockaltar dargestellt *(oben)*, aber hier gilt ein abgewandeltes italienisches Sprichwort: „Wenn es auch nicht wahr ist, so ist es doch erbaulich erfunden". Obgleich es einen kirchlich anerkannten Genovevakult nicht gibt, findet die Kirche, die eigentlich der „Schmerzhaften Muttergottes" geweiht ist, immer noch regen Zuspruch von Pilgern, die bei der heiligen Genoveva Trost suchen.

Der Dom zu Trier *(links)* wurde in seiner heutigen Gestalt ab 1035 erbaut, aber erst 200 Jahre später vollendet. Als kostbarsten Reliquienschatz birgt er in der „Heiltumskammer“ beim Ost-Chor den Heiligen Rock, von dem die Legende erzählt, er sei jenes Gewand Christi gewesen, um das die Soldaten unter dem Kreuz gewürfelt hätten.

Der Dom zu Paderborn *(oben)* stammt aus dem späten 13. Jahrhundert. Hier ruhen die Reliquen des heiligen Liborius, der im 4. Jahrhundert Bischof von Le Mans in Frankreich war. 836 wurden sie nach Paderborn übertragen, wo der Heilige bald Wunder wirkte und dementsprechend hohe Verehrung genoß, die auch heute noch anhält.

Der Dom zu Speyer ist das weithin sichtbare, stolze Symbol salischer Kaiserherrlichkeit. Er hat schwere Zerstörungen überstanden und strahlt heute wieder in altem Glanze wie zur Zeit seiner Erbauung *(oben)*. Seine überragende Bedeutung erlangte er als Grablage deutscher Könige und Kaiser aus drei Herrscherhäusern. Auf dem Wege zur Kaisergruft durchquert der Besucher die schon um 1030 begonnene Krypta, die von Kennern als eines der schönsten romanischen Architekturwerke des Abendlandes angesehen wird *(links)*.

Die Walterichskirche in Murrhardt, ein Bau aus dem späten Mittelalter, steht auf einem alten römischen Kultplatz mit einem Mithras-Tempel. Schon die ersten Christen hoben gerade diesen Hügel hervor, und um 800 baute ein Einsiedler namens Walterich auf den Resten des Tempels seine Klause und wirkte als Wunderheiler. Später wurde er hier auch beigesetzt. Sein Grab galt bald als beliebter Wallfahrtsort. Nach der Reformation geriet es in Vergessenheit und konnte erst 1963 unter dem Boden der Kirche wiederentdeckt werden.

Der Bussen bei Biberach gilt als der „Heilige Berg Schwabens". Vielleicht liegt die heutige Wallfahrtskirche, die in ihren Anfängen schon auf die Zeit Karls des Großen zurückgeht, tatsächlich auf einem uralten Kultplatz *(oben)*.

Die Kunigundenkapelle bei Aub *(links)* steht ebenfalls auf einem alten vorgeschichtlichen Kultplatz, denn in germanischer Zeit war der Altenberg dem Gott Wodan geweiht. Von hier führt der sogenannte Kunigundenweg als Wallfahrtspfad 110 km weit bis nach Bamberg.

Folgende Seite: Kloster Schöntal an der Jagst wurde schon im 12. Jahrhundert gegründet. Der schöne barocke Neubau stammt aus dem ersten Drittel des 18. Jahrhunderts. Daß es zu den merkwürdigen Plätzen in Deutschland gezählt werden kann, verdankt es Benedikt Knittel, der in den 49 Jahren seines Wirkens als Abt nicht nur ein begeisterter Verseschmied war, sondern seine überwiegend lateinischen Gedichte an allen nur erdenklichen Plätzen des von ihm geleiteten Klosterneubaus anbringen ließ, so daß die ganze Anlage heute einem steinernen Gedicht-Buch gleicht.

herbei, ein Beweis für das hohe Ansehen, das der Heilige – und mit ihm das Fest – genießt. Dabei ist er gar kein Paderborner, sondern stammt aus Gallien, also aus dem heutigen Frankreich, wo er von 343 bis zu seinem Tod 397 Bischof von Vindinum (Suindinum), dem heutigen Le Mans, war. Er galt schon zu Lebzeiten als heiliger Mann und war ein Freund des heiligen Martin von Tours. Um so mehr verwundert es, daß seine Reliquien knapp 500 Jahre nach der Beisetzung 834 nach Paderborn übertragen wurden. Es war nicht nur eine freundschaftliche Geste des Bischofs Aldrich von Le Mans an seinen Mitbruder Badurad, den Bischof von Paderborn, sondern auch eine politische Reverenz gegenüber der inzwischen rasch zu großer Bedeutung aufgestiegenen Residenzstadt im Osten des Frankenreiches.

Liborius fand an seiner neuen Ruhestätte zwar nur eine verhältnismäßig kleine Domkirche vor, doch kam dieser eine besondere Bedeutung zu, die in heidnisch-germanische Zeit zurückreicht. Die Kirche lag zentral in einem Quellbezirk, vielleicht einem uralten Quellheiligtum. Man schätzt, daß der heutige, nur wenig südlich vom ursprünglichen Bau gelegene Dom über etwa 80 Quellen steht, 160 sind es in der unmittelbaren Nachbarschaft. So wird die Kirche von den Geomanten als ganz besonderer Kraftort angesehen und geschätzt. Alle diese Quellen und Rinnsale vereinigen sich rasch zur Pader, die ihrerseits nach nur 4 km Lauf als kürzester Fluß Deutschlands in die Lippe mündet.

Kein Wunder war es deshalb, daß sich die Sage sehr bald dieser Quellen annahm. Angeblich sollen in einem Brunnen unter dem Dom reiche Schätze verborgen liegen, die aber niemand zu heben vermag. Auch ein glückverheißendes steinernes Muttergottesbild soll dort in der Tiefe ruhen und ebensowenig gehoben werden können.

Der Dom zu Paderborn um 1845 nach einem Stahlstich von J. Poppel.

Die Verehrung des aus Frankreich stammenden Heiligen fand in Paderborn großen Anklang, und dieser revanchierte sich seinerseits durch zahlreiche bezeugte Wunder, die sich an seinem Grabe zutrugen. Der erste Dom war im Jahre 1000 durch Feuer zerstört worden, auch der Nachfolgebau brannte ab, mit dem Bau des heutigen Doms wurde dann im 13. Jahrhundert begonnen. Der kostbare Schrein des heiligen Liborius wurde 1622 von Herzog Christian von Braunschweig geraubt und eingeschmolzen. Als der Herzog in der Schlacht bei Stadtlohn eine schwere Niederlage erlitt, soll er geklagt haben: „Ach hätte ich den Alten (Liborius) doch ruhen lassen, er ist mein Unglück!", und er sandte die Gebeine nach Paderborn zurück. In Wirklichkeit hatte er diese dem Fürsten von Salm überlassen, der sie bis 1627 im Kloster Marientrost bei Bonn aufbewahrte, dann wurden sie wieder nach Paderborn zurückgegeben, wo man einen neuen Schrein für sie schuf. Die Sage erzählt, man habe im ganzen Land die Goldstücke suchen lassen, die aus dem Gold des alten Liborius-Schreins geprägt worden waren, um sie zum Guß des neuen zu verwenden.

Liborius hatte sich nicht nur als Schutzheiliger vor allem gegen Nierenleiden bewährt, sondern auch einen wichtigen Beitrag zur Völkerverständigung geleistet. Die Kontakte zwischen Le Mans und Paderborn bestehen nun schon mehr oder minder intensiv seit elf Jahrhunderten und erleben im Zuge der deutsch-französischen Partnerschaft neuen Aufschwung.

Der Dom zu Speyer

Er ist nicht nur Wallfahrtsort, sondern vor allem auch eine der ehrwürdigsten historischen Gedenkstätten Deutschlands und verdient zu Recht den Ruf eines „deutschen Nationalheiligtums". Wer erstmals den gewaltigen Bau von der Rheinebene aus erblickt und um seine Bedeutung als Grablege deutscher Könige weiß, wird sich eines Gefühls tiefer Ehrfurcht nicht erwehren können. Dabei stört es nicht, daß dieser Dom erst im 18. Jahrhundert nach der Zerstörung durch die Soldaten Ludwigs XIV. neu errichtet wurde, denn der Wiederaufbau und die Restaurierungsarbeiten haben ihm ja seine ursprüngliche Gestalt wiedergegeben, so wie sie die Bauleute des Mittelalters zwischen 1024 und 1111 geschaffen hatten.

Wallfahrtsort ist der Dom erst seit dem 13. Jahrhundert. Seit dieser Zeit jedenfalls wird hier ein wundertätiges Marienbild verehrt. Inzwischen hat längst eine moderne Nachbildung das 1793 zerstörte Original abgelöst, doch ändert das nichts an dessen Beliebtheit und Verehrung.

Aber nicht dem Gnadenbild und den Wallfahrten verdankt der Dom seine einmalige Bedeutung, sondern der Grablege deutscher Könige und Kaiser, die er in seiner Krypta beherbergt. Schon der Zugang beeindruckt tief, wird er doch von keinem geringeren als von König Rudolf von Habsburg bewacht. Seine Grabplatte wurde 1806 durch Zufall im Schutt einer Klosterruine wiederentdeckt. Heute steht sie aufrecht an der Wand, so daß der König dem Eintretenden entgegenblickt. Sein zerfurchtes Antlitz mit der großen Hakennase wirkt geradezu unheimlich lebensnah, soll es doch tatsächlich die Porträtzüge des Königs zeigen, die dem Künstler noch bekannt waren.

Das Bild erinnert an die Sage, daß Rudolf beim Herannahen seines Todes von der Pfalz im nahen Germersheim nach Speyer geritten sei, dort im Dom vom Bischof die Sterbesakramente empfangen habe und dann verschieden sei.

Nach zeitgenössischen Zeugnissen scheint „Kaiser Rudolfs Ritt zu Grabe" sich tatsächlich so ähnlich abgespielt zu haben. Und wenn oben die Domglocken erklingen, denkt man hier unten, Aug' in Auge mit dem alten König, an die Ballade von Justinus Kerner, in der es heißt:

„Von dem hohen Dom zu Speyer
Hört man dumpf die Glocke schallen.
Ritter, Bürger, zarte Frauen,
Weinend ihm entgegenwallen …"

Der Dom zu Speyer um 1830. Stahlstich.

Allein dieses Gedenken hätte den Weg nach Speyer schon gelohnt. Nun aber gehen wir durch die Krypta, die von Kennern etwas euphorisch als die schönste Unterkirche der Welt angesehen wird und die jedenfalls eine würdige Eingangshalle zu den Gräbern bildet. Geradezu erdrückend eng, trotz der guten Beleuchtung düster und vor allem ungemein bescheiden wirkt die Gruft. Vier Kaiser, vier Könige, drei Kaiserinnen und eine Prinzessin haben hier ihre letzte Ruhestätte gefunden. So symbolisiert diese auch fast drei Jahrhunderte deutscher Reichs- und Kaisergeschichte, beginnend mit Kaiser Konrad II., der 1039 als erster hier beigesetzt wurde, und seiner Gemahlin Gisela. Ihm folgte 1056 der machtvolle Kaiser Heinrich III. Sein neben ihm beigesetzter Sohn Heinrich IV. hatte einige Jahre auf den ihm gebührenden Platz warten müssen. Er war 1106 als Gebannter gestorben, und deshalb hatte ihm die Kirche ein christliches Begräbnis verweigert. Fünf Jahre stand der Sarg in der St.-Afra-Kapelle oben im Langschiff, die beim Tode des Kaisers noch unvollendet und nicht geweiht war. Erst danach durfte er in die Gruft seiner Väter einkehren. Der Sarg seines Sohnes Heinrich V., der den Vater so lange angefeindet und bekämpft hatte, steht als einziger etwas abgesondert in einer Nische, gleichsam als wollten sich die beiden auch im Tode noch nicht vertragen. Von den Stauferkönigen ruht nur Philipp von Schwaben hier, der in Bamberg ermordet wurde, neben ihn ist Rudolf von Habsburg gebettet. Im Tode vereint sind nebeneinander die beiden Gegner zu ihren Lebzeiten, König Adolf von Nassau, der bei Göllheim fiel, und sein siegreicher Gegner Albrecht von Österreich, der von seinem Neffen Johann Parricida an der Reuß ermordet wurde.

Nicht immer ruhten die Toten hier so würdig, gestört nur von den zahllosen Touristen, die täglich die Krypta besuchen. Soldaten Ludwigs XIV. hatten 1689 die Gräber aufgebrochen und verwüstet. Erst im Sommer des Jahres 1900 wurden sie erneut geöffnet, genau untersucht und die durcheinandergeworfenen Gebeine pietätvoll geordnet. Die heutige Gestalt erhielt die Gruft dann erst in den folgenden Jahrzehnten durch sorgfältige Restaurierungen. Ihnen ist es zu verdanken, daß sie ihren altehrwürdigen Charakter und ihre Bedeutung als einer der wichtigsten heiligen und historischen Plätze in Deutschland wiedererlangt hat.

Die Walterichskirche in Murrhardt

Selten nur werden die Zusammenhänge zwischen Geschichte, Magie und Legende so deutlich wie bei der Walterichskirche in Murrhardt. Wer sie nicht kennt, sollte sie das erstemal von der Terrasse vor der ehemaligen Klosterkirche aus betrachten; denn wenn der Hügel, auf dem sie steht, auch nicht besonders hoch ist, so gewinnt die schlichte gotische Kirche von diesem Blickwinkel aus doch etwas Beeindruckendes. Wo heute der Turm aufragt, lag im 2. nachchristlichen Jahrhundert einmal ein wohl dem Licht- und Sonnengott Mithras geweihtes Heiligtum. Römische Soldaten eines nahen Kastells hatten den Kult aus dem fernen Persien hierher nach dem Norden gebracht und sich auf dem Hügel einen kleinen Tempel errichtet. Vielleicht spürten sie damals schon die magischen Kräfte und Strömungen, die ihm heute noch zugeschrieben werden. Immerhin ist es ja bemerkenswert, daß auch die Christen gerade diesen Hügel besonders hervorhoben und schon um 750 dort ein erstes Holzkirchlein errichteten. Daneben erbaute sich um 800 ein frommer Einsiedler namens Walterich in den Resten des römischen Tempels eine Klause. Die Legende erzählt, er sei auf einer römischen Steinplatte gesessen, habe hier die Ratsuchenden empfangen und Kranke geheilt. Sogar der fränkische Kaiser Ludwig der Fromme sei auf der Flucht vor den Söhnen bei ihm vorbeigekommen und habe ihm die Erlaubnis erteilt, am Fuße des Hügels ein Kloster zu gründen.

Walterich muß tatsächlich ein ungemein heilkundiger Mann gewesen sein; denn der Glaube an seine magischen Kräfte hielt sich über seinen Tod hinaus. Sein Grab auf dem Hügel, das mit der erwähnten Steinplatte zugedeckt war, wurde zu einem beliebten Wallfahrtsort, und besonders am Karfreitag kamen die Pilger von weit her, um sich auf die Steinplatte zu legen und Heilung zu suchen. Ganz offensichtlich schienen sich die alten magischen Kräfte des Ortes auch auf das christliche Wallfahrtsheiligtum zu übertragen! Im Laufe der Jahrhunderte wurde das Kirchlein umgebaut und erweitert, bis es 1489 seine heutige Gestalt erhielt. 1612 paßte der protestantischen Obrigkeit und den Kirchenbehörden der alte katholische Wallfahrtsbetrieb nicht mehr, und sie ließen die Grabplatte zerschlagen. Offensichtlich wollten sie aber auf die Dienste und Fähigkeiten Walterichs doch nicht völlig verzichten, und so wurde aus den Trümmern der Platte ein Opferstock errichtet, der in die Wand neben dem Kircheneingang eingemauert wurde. Die Erinnerung an das Grab geriet weitgehend in Vergessenheit, doch der Wunderglaube heftete sich an diesen merkwürdigen Opferstock, zu dem man tief in die Kirchenwand hineinlangen muß, um seine Gabe einzuwerfen, gleichsam als ob die magischen Kräfte nun über den hineingestreckten Unterarm in den Körper eingehen sollten.

Erstaunlicherweise wurde 1963 das Grab des Einsiedlers, späteren Abtes und Wunderheilers im Kirchenschiff wiederentdeckt und dadurch die historische Grundlage der Walterich-Legende bestätigt. Leider hat man es nicht freigelegt und sichtbar gemacht, sondern mit einer großen, nüchternen Platte mit einem schlichten Kreuz neu abgedeckt. Sie schlägt aber immerhin die Brücke über mehr als ein Jahrtausend von den Tagen der Karolinger bis zur Gegenwart und gibt dem Ort seine alte Tradition zurück.

Der Bussen bei Biberach

Man erreicht den Bussen von der alten Reichsstadt Biberach aus auf der B 312 westwärts in Richtung Riedlingen und kann die Abzweigung nicht verfehlen, so markant prägt er die Landschaft. Wer dann an klaren Tagen von dem 767 m hohen Gipfel die Fernsicht genießt, wird verstehen, daß die Schwaben dem Bussen besondere Bedeutung zumessen und ihn ihren „Heiligen Berg“ nennen. Er liegt in einem Gebiet, das reich ist an prächtigen Kirchen und Wallfahrtsstätten, jedoch weit und breit keine magischen Orte oder Kultplätze aufweist. Daß die Kultplatzforscher den Berg noch nicht entdeckt haben, mag vielleicht an der mangelnden Vorarbeit der Archäologen liegen, denn die vorgeschichtliche Besiedlung und eine damit verbundene Nutzung als uralter Kultplatz wurden noch nicht untersucht. Doch ist kaum anzunehmen, daß ein Berg von so herausragender Lage und geographischer Bedeutung nicht bewohnt gewesen sein sollte. Da das heutige Gnadenbild auf dem Gipfel, wie wir gleich noch näher hören werden, seit Jahrhunderten um Kindersegen angerufen wird, ist es durchaus möglich, daß sich hier eine uralte Tradition fortsetzt und auf dem Gipfel nicht nur eine wichtige vorgeschichtliche Siedlung lag, sondern auch ein altes Fruchtbarkeitsheiligtum!

Auch mit Reichtümern wird der Bussen in Verbindung gebracht. So erzählt eine Sage, daß in seinem Innern ein großer Schatz ruhe, der aber erst nach drei gefährlichen Prüfungen gewonnen werden könne. Da diese bisher noch niemand bestanden habe, ruht er also immer noch im Berg und wartet auf einen kühnen Sucher.

Eine Kirche auf dem Bussen wird schon zur Zeit Karls des Großen erwähnt. Damals standen auch zwei kleinere Burgen auf dem Gipfel. An ihre Stelle trat später im Mittelalter eine als uneinnehmbar geltende Burg, die weithin das Umland beherrschte. Nach zwei Jahrhunderten verfiel sie allmählich, und im Dreißigjährigen Krieg wurden die letzten Anlagen zerstört. Heute erinnert nur noch der Stumpf

Die Wallfahrtskirche auf dem Bussen steht möglicherweise auf einem alten Fruchtbarkeitskultplatz.

eines aus Tuffsteinen gemauerten Bergfrieds an die einstige Anlage.

Die Anfänge der Wallfahrt gehen auf das 16. Jahrhundert zurück. Damals wurde auch eine Kirche erbaut, von der Chor und Turm noch in der heutigen, aus dem 19. Jahrhundert stammenden Form erhalten geblieben sind. Das alte Gnadenbild, eine Holzplastik, zeigt Maria mit Christus nach der Kreuzabnahme. Es stammt aus dem 15. Jahrhundert, wurde aber 1580 bei einem Brand so schwer beschädigt, daß eine Kopie an die Stelle des Originals treten mußte. Alljährlich pilgern vor allem im Sommer zahlreiche Gläubige auf den Berg. Wenn auch die Wallfahrt offiziell zur Schmerzhaften Gottesmutter geht, so kommen doch viele Frauen, die hier oben um Kindersegen bitten. Die Votivtafeln zeigen bis heute, daß ihre Gebete anscheinend erhört wurden. Und die Devotionalienhändler in Offingen am Fuß des Berges machen ein gutes Geschäft mit den sogenannten „Bussenkindle", eßbaren Wickelkindern und Püppchen.

Die Kunigundenkapelle bei Aub und der Kunigundenweg

Es gibt berühmte Wallfahrtswege wie etwa die Pilgerstraßen nach Santiago de Compostela, manchmal aber auch nur kleine, regionale, die meistens nur den in der Umgebung wohnenden Menschen bekannt sind. Zu ihnen gehört der „Bamberger Weg" oder „Kunigundenweg" in Franken, ein alter, auch heute noch geheimnisumwobener Pfad. Wie der Name schon besagt, hängt er mit der heiligen Kunigunde, der frommen Gemahlin Kaiser Heinrichs II., zusammen. Sie war eine Grafentochter aus Luxemburg im Westen des Reiches. Der Kaiser hatte der damals Zwanzigjährigen im Jahr 1000 Bamberg als Heiratsgut geschenkt. In dieser Stadt fand sie auch zusammen mit ihrem Gemahl in dem von den beiden gestifteten Bischofsdom ihre letzte Ruhestätte. Für das Grab des Kaiserpaares schuf 1499–1513 der Bildhauer Tilman Riemenschneider jenes prächtige Grabmal, das nicht nur die ruhenden Gestalten zeigt, sondern Reliefs mit Szenen aus ihrem Leben. Bei Kunigunde sind es die Feuerprobe und das Pfennigwunder. Die Legende erzählt, ausgerechnet diese überaus fromme Frau sei verleumdet und der ehelichen Untreue beschuldigt worden. Sie habe daraufhin verlangt, sich öffentlich einem Gottesurteil zu unterziehen, wie es damals üblich war. Auf dem Markt in Bamberg sei sie barfuß über sieben glühend erhitzte Pflugscharen geschritten, jedoch – wie nicht anders zu erwarten – unverletzt geblieben. Das zweite Relief bezieht sich auf den Bau des Kollegiatstiftes St. Stefan in Bamberg, wo Kunigunde die Handwerker persönlich bezahlte, indem sie täglich eine Schale mit Geld aufstellte, aus der jeder den ihm ausstehenden Lohn entnehmen konnte. Keinem aber gelang es, auch nur einen Pfennig mehr zu ergreifen. Kunigunde wurde bald nach ihrem Tode 1040 in Franken verehrt und schon 1200 heiliggesprochen, an ihrem Grab ereigneten sich Wunder, und bald kamen auch zahlreiche Wallfahrer.

An verschiedenen Orten in Franken wurden ihr zu Ehren Kapellen errichtet. Zu den ältesten zählt die Kunigundenkapelle auf dem Altenberg bei Burgerroth, die man von Aub aus bequem zu Fuß oder mit dem Auto erreicht. Die Legende weiß zu berichten, daß ihre Entstehung unmittelbar auf die Heilige selbst zurückgehe. Diese hatte gelobt, drei Kirchen zu bauen, und hatte von der Kaiserpfalz in Bamberg drei Schleier fliegen lassen. Die Kirchen sollten dann an den Fundplätzen errichtet werden. Einer dieser Schleier sei eben bis zum Altenberg hoch über dem Gollachtal geflogen, wo die Kapelle erbaut wurde. Heute noch steht an der Mauer des längst aufgelassenen Kirchhofs die tausendjährige Linde, in der sich der Schleier verfangen haben soll. In Wirklichkeit stammt die Kapelle aber erst aus der Zeit bald nach 1230.

Ganz offensichtlich liegt sie an einem uralten Kultplatz. Der Altenberg war, wie die Funde belegen, schon seit der Jungsteinzeit um 3500 v. Chr. besiedelt und blieb es bis ins Spätmittelalter. In germanischer Zeit war er wahrscheinlich dem Gott Wodan geweiht. Nur wenige 100 m von der Kirche entfernt liegt etwas seitlich vom Wallfahrtsweg ein Muschelkalkfelsen, der sogenannte Kunigundenstein. Er weist einige merkwürdige Vertiefungen auf, die der Sage nach die Hand- und Fußabdrücke der Heiligen sein sollen. Es wäre durchaus möglich, daß es sich dabei um heidnische Opferschalen handelt. Auch befand sich früher an der Nordwestseite des Berges am sogenannten Höllsteig ein ähnlicher Stein, der Teufelstisch, der aber heute nicht mehr existiert. Auch er deutet auf einen alten Kultplatz hin.

Dem Betrachter werden auch die seltsamen, archaisch-heidnisch anmutenden Mensch-Fabelwesen und Drachen unter dem Dach und am Chorerker auffallen, die vielleicht letzte Reste eines Dämonenglaubens darstellen.

Von hier beginnt nun der 110 km lange Kunigundenweg, die kürzeste Verbindung nach Bamberg. Er war in erster Linie für die Wallfahrer gedacht, aber offensichtlich nutzte man die günstige Trassenführung auch für den Boten- und Güterverkehr, da der Pfad an einigen Stellen auch Eselsweg genannt wird. Er führt über das nahe Aub nach Bullenheim, wo auf dem Kapellenberg die Mauerreste einer weiteren Kunigundenkapelle liegen. Auch ihre Entstehung wird auf die Heilige selbst zurückgeführt. Sie soll sich auf einer Reise im Wald verirrt und gelobt haben, im Falle einer glücklichen Rettung eine Kapelle zu erbauen. Da hörte sie ein Glöcklein und sah ein Licht, das ihr den Weg in das nahe Bullenheim wies. Daraufhin ließ sie an dieser Stelle eine Kapelle erbauen. Diese ist aber in Wirklichkeit noch wesentlich jünger als die Burgerrother Kapelle und stammt erst aus dem Jahre 1500.

Der Wallfahrtsweg geht dann weiter über Scheinfeld, Burghaslach und Burgebrach und erreicht schließlich Bamberg. Wahrscheinlich wurden auf diesem Wege im 14. Jahrhundert auch die Gebeine des heiligen Sigismund im Auftrag Kaiser Karls IV. von Burgund nach Böhmen gebracht und unterwegs in den Kapellen zur Verehrung ausgestellt.

Kloster Schöntal – ein Kloster als Buch

Wer heute bei Osterburken oder Möckmühl die Autobahn Heilbronn–Würzburg verläßt und in das östlich gelegene Jagsttal fährt, erreicht dort schon bald das Kloster Schöntal, eines der weniger bekannten, deswegen aber keineswegs unbedeutenden süddeutschen Barockklöster, eine Perle, die in der wenig überlaufenen Landschaft den Besucher beglückt. Die alte Zisterzienserabtei wurde schon Mitte des 12. Jahrhunderts gegründet, zu Beginn des 18. Jahrhunderts wurde dann der barocke Neubau begonnen, der 1736 endlich eingeweiht werden konnte. Der Mann, dem das Kloster seine neue äußere Gestalt verdankte, erlebte dieses Fest nicht mehr. Er war schon 1732 gestorben. 82 Jahre war Abt Benedikt Knittel alt geworden, 49 davon hatte er als Abt residiert und mit Planung und Neubau des Klosters ein gewaltiges Arbeitspensum geleistet. Sein Porträt im Heimatmuseum Lauda zeigt einen schmächtigen Mann, stolz und energisch, mit auffallend wachem Blick, aber auch einem unverkennbar humorvollen Zug um den Mund. Auf der Grabplatte in Schöntal allerdings begegnet uns der typische Barockprälat in vollem Ornat.

Ihm verdankt es das Kloster, daß wir es zu den merkwürdigen Plätzen rechnen dürfen, denn schließlich wandelte er es in ein literarisches Denkmal um. Vielleicht hat sich Karl der Große in Aachen wirklich im Münster eine überdimensionale astronomische Uhr geschaffen, Abt Knittel jedenfalls schuf sich ein ganzes Kloster als Buch. Das ist immerhin etwas Besonderes. Seine gesammelten Dichtungen als Buch kann schließlich jeder herausbringen, vorausgesetzt, er zahlt genug dafür, dann geht es sogar in Leder und Goldschnitt, aber in Stein und als Kloster, das ist einmalig in Deutschland!

Knittel liebte es einfach, seine Gedanken, seine Sorgen und Probleme, das Ewige, aber auch das ganz Alltägliche in Versen, zu kommentieren. Und er brachte diese Verse nicht

„Aufforderung an die Pilger“ im Kloster Schöntal.

oder nicht in erster Linie sauber zu Papier, wie es sich gehörte, sondern er nutzte die Gelegenheit, sie im ganzen Klosterneubau an allen nur möglichen und unmöglichen Wänden, Ecken und Enden vom Chor bis zur Klosterlatrine zu verewigen. Gewiß sind es meistens keine literarischen Meisterleistungen, und deshalb wird auch manchmal behauptet, der Herr Abt sei der Erfinder der sogenannten Knittelverse. Das stimmt aber nicht; denn dieser Begriff für holprige Verse lautete, wie man in Grimms „Deutschem Wörterbuch“ nachlesen kann, eigentlich Knüttelvers, aber der poetische Prälat bezog ihn mit feiner Selbstironie und nicht ohne Stolz gern auf sich selbst, und so vermischten sich eben die Begriffe.

Aber nicht genug damit, nutzte Knittel als gelehrter Kirchenmann seine Verse auch für Chronogramme, d. h., er hob einzelne Großbuchstaben hervor, die römische Ziffern bildeten, durch deren Addition sich dann die Jahreszahl der Entstehung der Inschrift ergab. Das ist für den Laien gewiß nicht einfach, aber ein Betrachter, der erst einmal mit Knittels Gedankenführung – man könnte auch respektlos von Spleen sprechen – vertraut ist, wird sich rasch zurechtfinden. Ein wenig Latein sollte man allerdings können oder etwa Friedrich Albrechts vorzügliches Büchlein bei sich führen, dann geht es, oft recht fröhlich, immer aber sehr originell, durch die Jahre.

Und zum Abschluß und sozusagen zur Belohnung dürfen die Leser hier wenigstens aus der Fülle einen praktischen Hinweis erhalten, wie man guten Wein erkennt. Der Herr Abt hat dafür ausnahmsweise gleich einmal die deutsche Version seines Verses selbst geliefert:

„Bonum vinum potione/se commendat, nec praecone
indiget nec hedera:/praestant novis vetera,/si paria sint cetera.

Ein guter Wein gibt sich das Lob,
der Trinker unterschreibt die Prob.
Zum Zeichen er das Glas ausschlecket,
wie gut ihm hab der Wein geschmecket.
Drei Zeugen sind zur Prob genug,
als nämlich Farb, Geschmack, Geruch;
doch überdies des Weins sein Geist
die Kraft und Güte mehr erweist.“

Schauplätze merkwürdiger Sagen

Man kann ihn leicht umwandeln, den bekannten Satz: „Warum denn in die Ferne schweifen …“; denn nicht nur das Gute, sondern auch die Sage liegt so nah!

Von fünfzehn Schauplätzen merkwürdiger, geheimnisvoller und oft gespenstischer Sagen ist auf den folgenden Seiten die Rede. Fünfzehn Orte, verteilt wieder über ganz Deutschland, sind nur sehr wenig, aber es sind exemplarische Orte, sozusagen handverlesen, weil sie ganz bestimmte Typen von Sagen repräsentieren. Hexen tanzen eben nicht nur auf dem Brocken, sondern auch am Walberla bei Bamberg, am Hexenbuckel bei Obernheim in der Alb, am Kandelfelsen bei Waldkirch im Breisgau und an vielen Orten mehr.

Drachen gibt es nicht nur am Drachenfels, sondern auch in Furth am Wald, in Hessen, Schwaben, Schleswig-Holstein. Kaiser Barbarossa schläft nicht nur im Kyffhäuser, sondern angeblich an 99 anderen Plätzen in Deutschland. Gespensterspuk verteilt sich geradezu gleichmäßig über das ganze Land, und wo hat nicht überall der Teufel seine Spuren hinterlassen! Die Sage ist geradezu allgegenwärtig. Jeder wird auch heute noch mindestens im Umkreis von 10 km um seinen Heimatort, häufig sogar in noch geringerer Entfernung, den Schauplatz einer Sage oder auch gleich mehrerer finden. Nicht alle sind dabei von besonderer Bedeutung, manche Erklärungssagen wiederholen sich an verschiedenen Plätzen. Naturdenkmäler, Landschaftsbilder, Ortsnamen, aber auch von Menschenhand geschaffene Denkmale oder Bauwerke werden in ihrer Entstehung von Sagen erklärt. Wenn im ersten Kapitel bei den merkwürdigen Plätzen der Frühzeit von der Teufelsbrücke, den Hünengräbern, der Teufelsmauer oder der Heuneburg die Rede war, dann hängen diese Namen alle mit solchen Erklärungssagen zusammen.

Aber auch magische Plätze und die alten Kultstätten sind häufig eng mit Sagen verbunden. Gelegentlich verschwimmen die Grenzen zwischen Sage und Legende wie bei Vierzehnheiligen oder dem Genoveva-Grab. Besonders eng verwoben sind selbstverständlich Geschichte und Sage. Auf der Suche nach den Schauplätzen merkwürdiger Sagen werden wir in diesem Bereich am leichtesten fündig.

Im Gegensatz zu den Märchen, die in unbestimmbaren Zeiten und Räumen spielen, sind Sagen räumlich und zeitlich mehr oder minder genau fixiert, am genauesten natürlich solche historischen Sagen wie etwa die von der Wartburg, vom Kyffhäuser, vom Hohenkrähen.

Der im Vorwort dieses Buches erwähnte Ludwig Bechstein hatte sein „Deutsches Sagenbuch“ vor 150 Jahren in die Form einer Rundreise gegliedert, sich damit zwar räumlich festgelegt, dann aber die verschiedenen Sagenarten in bunter Mischung aneinandergereiht, wie sie eben auf dem Weg auftauchten. Man kann nach Landschaften ordnen, wie das in den meisten modernen Sagensammlungen geschieht, aber auch nach Motiven, z. B. Burgen-, Zwergen-, Geistersagen. Selbstverständlich könnte man auch auf den Spuren berühmter und berüchtigter Persönlichkeiten wandern und einem Doktor Faustus, einem Eulenspiegel, Münchhausen, sogar den Schildbürgern oder dem Doktor Eisenbart nachgehen, damit ließe sich bequem ein ganzes Buch füllen. Unser Überblick bildet unter allen diesen Einteilungen und Rastern eine Ausnahme; denn entsprechend dem Grundmotiv des Buches gehen wir nicht von den Sagen oder bestimmten Landschaftsformen aus, sondern suchen die merkwürdigen und geheimnisumwobenen Schauplätze auf. Der Ort also und nicht die Sage steht im Mittelpunkt. Sagenumwobene Plätze sind uns auch schon in den vorangegangenen Kapiteln begegnet, hätten doch beispielsweise der Mummelsee im Schwarzwald oder die Klosterburg Oybin in der Oberlausitz genausogut in diesem Kapitel behandelt werden können.

Im Gegensatz zu den anderen Schauplätzen dieses Buches sind diesmal allerdings auch zwei dabei, die sich nicht so einfach aufsuchen lassen; denn Runghold und Vineta sind im Meer versunken. Wir wissen zwar annähernd, wo sie wahrscheinlich lagen, aber das Meer gibt eben seine Geheimnisse nicht preis.

Auf diese Weise teilen sie wenigstens nicht einen großen Nachteil mit den anderen Plätzen: Sie sind nicht so überlaufen. Es ist ein Jammer, aber gerade die wichtigen Sagenorte in Deutschland wurden häufig vom Moloch Tourismus vereinnahmt und verschlungen. Ob Brocken oder Drachenfels, Loreley oder Kyffhäuser, Kloster Heisterbach oder die Wartburg, überall drängen sich heute Tag für Tag die Massen, und es mag schwerfallen, unter Hunderten von Menschen überhaupt noch ein Zipfelchen des Geheimnisvollen und Merkwürdigen zu erfassen.

Für eine Begegnung mit den merkwürdigen Plätzen des ersten Kapitels genügte das forschende Interesse, beim zweiten bedurfte es der kritischen Distanz, beim dritten des Glaubens, hier beim vierten bleibt das naive Sichwundern, das den Nährboden der Sage darstellt und das wir heute fast verlernt haben. Wenn es gelingt, uns aus der Menge zu lösen, einen ruhigen Ort zu finden, begünstigt noch von Tageszeit oder Wetter, dann vielleicht vermag die Sage wieder in uns anzuklingen, werden ihre Gestalten lebendig. Ist das kindisch? Nein, Rückkehr zur Natur bedeutet eben nicht nur ein ökologisches, sondern häufig genug auch ein geistiges Problem.

Der Drachenfels im Siebengebirge

Zu den merkwürdigen Sagenorten, die man vielleicht besser aus der Ferne genießt, weil der Touristenrummel abschreckt, gehört der Drachenfels im Siebengebirge am rechten Rheinufer gegenüber Bad Godesberg. Der steil aufragende Kegel mit seiner Ruine auf dem Gipfel bietet tatsächlich einen imponierenden Anblick, und man kann verstehen, daß ein solcher Berg zur Bildung von Sagen geradezu herausforderte. Wer die Geschichte der Burg erfassen will, wird sich aber nicht mit dem Blick von der Ferne begnügen dürfen, sondern muß schon mit der Zahnradbahn hinauffahren auf den Gipfel, um dort den Rundblick zu genießen. Er hat zwar heute viel von seiner früheren Romantik eingebüßt, vorbei sind längst die Zeiten, da ein Lord Byron in seinem „Junker Harold" begeistert sang:

„Der burggekrönte Drachenfels
Ragt hoch am vielgewundnen Rheine.
Es spült die Flut des mächt'gen Quells
Um weinumrankte Felsgesteine;
Die Hügel all im Blütenglanz,

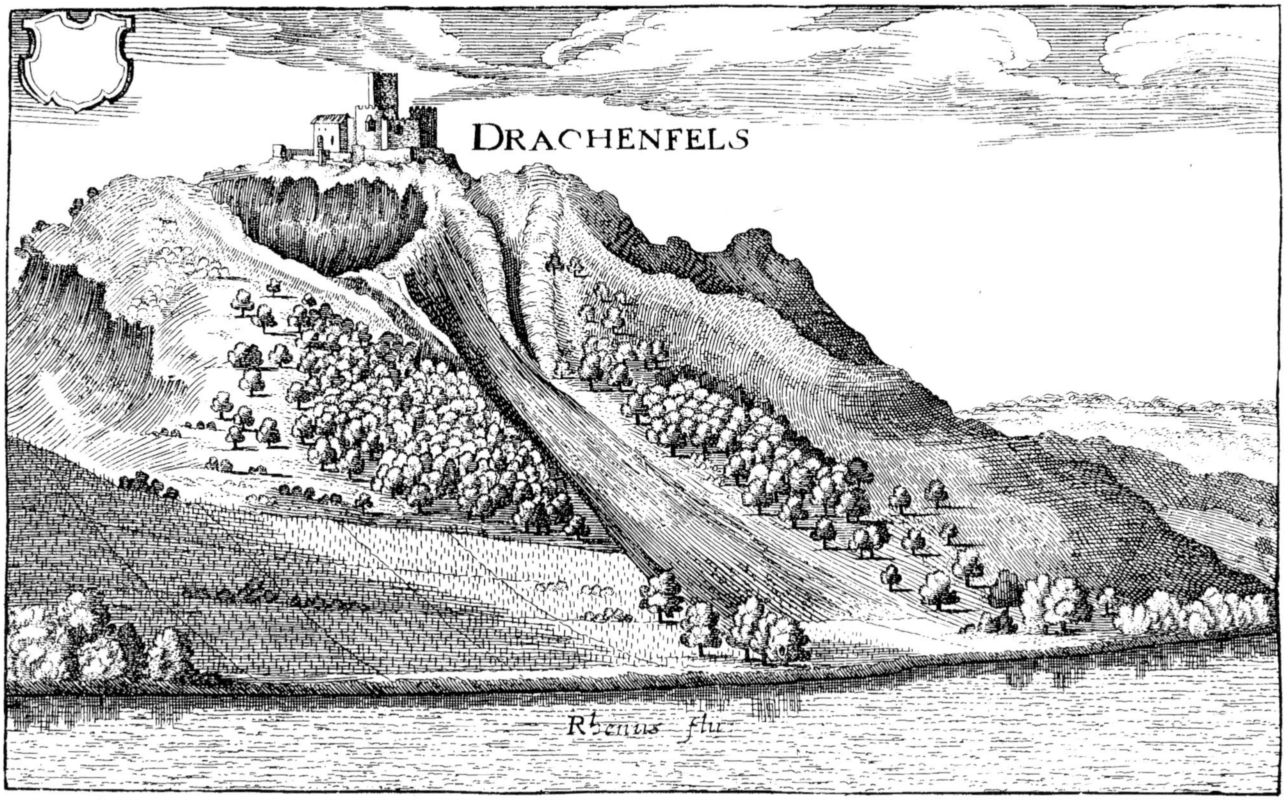

Der Drachenfels nach Matthäus Merian.

Die Felder reich an Korn und Weine,
Die Städte rings im bunten Kranz
Mit ihrer Mauern weißem Scheine ..."

Aber man lernt dort oben die beherrschende Lage der Burg besser einzuschätzen. Sie wurde schon im 12. Jahrhundert als Grenzfeste der Kölner Erzbischöfe erbaut, wechselte dann mehrfach ihren Besitzer, und diese stiegen zu Burggrafen auf. Bekannt ist die reizvolle Geschichte von jenem Burggrafen, der als Siegelring nur ein Bröcklein Trachyt trug, aus dem der Berg besteht. Als ihn seine Freunde daraufhin hänselten, wies er sie mit dem Hinweis zurecht, daß dieser Stein ihn im Gegensatz zu ihren Edelsteinen kein Geld gekostet habe, sondern regelmäßig solches einbringe.

Tatsächlich dienten die Hänge des Drachenfels lange als Steinbrüche, der hier gebrochene Trachyt galt als geschätztes Baumaterial beim Bau des Kölner Domes oder des Domes von Xanten. Sagen berichten von sieben Riesen, die das Siebengebirge und damit auch den Drachenfels schufen, von Zwergen und vor allem von einem Drachen. Noch heute wird am Südhang des Berges die Höhle gezeigt, in der er gehaust haben soll. Der mißtrauische Besucher mag dabei feststellen, daß er bei diesem Unterschlupf gar nicht so furchterregend groß gewesen sein kann. Der berühmte Drache aus Furth i.W., der dort alljährlich mit viel Spektakel abgestochen wird, hätte jedenfalls keinen Platz darin! Doch das sind kleinliche Bedenken gegenüber einer reizvollen Sage.

Sie erzählt eben von einem furchtbaren geflügelten und geschuppten Ungeheuer, das auf dem Berg lebte und die damals noch heidnischen Bewohner der Umgebung bis nach Trier hin in Angst und Schrecken versetzte. Diese brachten ihm deshalb regelmäßig ihre Gefangenen als Opfer dar. Einmal gehörte zu solchen Gefangenen auch ein bildschönes Mädchen, in das sich die Söhne des siegreichen Häuptlings verliebten. Um einen Bruderstreit zu vermeiden, bestimmten die Priester, daß die Jungfrau sogleich dem Drachen zum Fraß vorgeworfen werden müsse. Sie aber war eine Christin, und als sie vor der Höhle an einen Baum gebunden worden war, erwartete sie furchtlos das Ungeheuer. Als sich dieses näherte, hielt sie ihm ein kleines Kreuz entgegen. Der Drache schreckte daraufhin zurück, stürzte den Steilhang hinunter und brach sich das Genick. Die Zuschauer dieses makabren Schauspiels aber zeigten sich so tief beeindruckt, daß sie das Mädchen befreiten und sich sogleich taufen ließen.

Es gibt noch eine andere Sage vom Ende des Drachen, das sich diesmal als eine Art Betriebsunfall erweist, denn das Ungeheuer griff angeblich ein auf dem Rhein fahrendes, mit Pulver beladenes Schiff an, sein Feueratem entzündete die Ladung und es wurde bei der Explosion selbst zerrissen.

Der Drache wurde auch mit der Nibelungensage in Verbindung gebracht und galt angeblich als jenes Ungetüm, das der junge Held Siegfried tötete und in dessen Blut er badete. Eine letzte Sage führt noch zu Dietrich von Bern. Zu dessen Zeit soll eine Königin mit ihren neun Töchtern auf dem Drachenfels gewohnt haben, die Herrn Eck und dessen Brüder Fasolt und Ebenrot zum Kampf gegen Dietrich aufhetzte. Doch Held Dietrich besiegte sie, legte sich Ecks Rüstung an und stürmte mit dem Haupt des Erschlagenen in der Hand über die Weinterrassen zum Drachenfels hinauf. Dort warf er das Haupt des Erschlagenen der entsetzten Königin zu Füßen.

Der Brocken – wo Hexen tanzen

Hexen überall, in Schierke, in Wernigerode, in Braunlage … Sie hängen zu Dutzenden in den Auslagen der Geschäfte, die Straßenhändler halten sie feil, lauter lustige Figuren in verschiedensten Größen. Wohl nirgends in ganz Deutschland wimmelt es so von Hexen wie gerade im Harz. Schließlich haben sie hier auch eine gewichtige Tradition zu verteidigen – und in manchen Gegenden müssen auch noch fünf Jahrzehnte sozialistisch verordneter Hexenabstinenz aufgeholt werden. Wer denkt bei solchem fröhlichen Rummel an wirklichen Hexenwahn und an das Leid der langen Hexenverfolgungen?

Auch hier geht es ausschließlich um die Sage und ihre Hintergründe. Und diese erzählt bekanntlich, daß sich in der Nacht zum 1. Mai, der sogenannten Walburgisnacht (auch Walpurgisnacht), die Hexen aus allen Himmelsgegenden Deutschlands zu wüstem Tanz zusammenfinden und bei dieser Gelegenheit dem Teufel ihre Reverenz erweisen. Die Zeit ist ganz klar, nicht so allerdings der Ort. Heute gilt allgemein der Brocken oder Blocksberg, wie er in diesem Zusammenhang gewöhnlich genannt wird, als wichtigster Ort ihrer Zusammenkunft. Dabei lag ursprünglich der Hexentanzplatz gar nicht auf dem 1142 m hohen Gipfel, aber die ganze Umgebung war seit alten Zeiten von Hexen geradezu verseucht. Deshalb ist es auch nicht weiter verwunderlich, wenn es neben dem Brockengipfel noch mehrere andere Hexentanzplätze, vor allem im Oberharz, gibt.

Seit dem Beginn des 14. Jahrhunderts wird der Brocken aber immer wieder als Treffpunkt der Hexen genannt. 1668, als der Hexenwahn in Deutschland einen Höhepunkt erreicht hatte, erschien eine Untersuchung von Johannes Prätorius (eigentlich Hans Schultze, 1630–1680), einem wahren Spezialisten für Geister und Dämonen. In dieser „Blockes-Berges Verrichtung“ sicherte er den ganzen Spuk auf dem Brocken sozusagen wissenschaftlich ab, was zur damaligen Zeit, in der man selbst den übelsten Unsinn über Hexen geradezu begierig aufnahm, nicht besonders schwierig war. Uns interessieren dabei weniger die diversen Anreise- bzw. Anflugsarten der Hexen als vielmehr ihr Auftreten auf dem Berg selbst, wo der Teufel von der Teufelskanzel herab eine Rede hält, schlechte Hexen bestraft, tüchtigen, d. h. besonders bösen, aber als einmalige Auszeichnung gestattet, daß sie ihm, wenn er sich in Bocksgestalt unter die tanzende Menge mischt, den Hintern küssen dürfen. Der be-

Hexenzusammenkunft auf dem Blocksberg. Holzschnitt aus S. J. Praetorius „Blockes Berges Verrichtung" von 1668.

rühmte Holzschnitt aus der „Blockes-Berges Verrichtung" zeigt diese Szene in allen Einzelheiten.

Zusätzliche Berühmtheit erlangten Walburgisnacht und Blocksberg-Brocken dann durch Goethes „Faust". Der Dichter hatte den Harz bereist, er kannte das Buch von Prätorius sowie den „Höllischen Proteus" von Erasmus Francisi. Faust und Mephisto versetzte er dann mitten hinein in dieses wilde Treiben. Ihr Weg zum Brocken beginnt in der „Gegend von Schierke und Elend". Die beiden Herren mußten also sehr gut zu Fuß sein, wenn sie von da aus den Brockengipfel erreichen und oben auch noch ausgiebig tanzen wollten!

Es fällt auf, daß neben dem Teufel und den Hexen auch noch Lilith, einer Legende nach Adams erste Frau und später als weiblicher Satan eine Verkörperung des Bösen, sowie ein General, ein Minister und ein Autor an dem Hexentreiben teilnehmen. Das ist keine eigenmächtige Erfindung Goethes, sondern geht auf Prätorius zurück, der ausdrücklich in seinem Werk schreibt: „... auch hohes Stands Personen, Kaiser, Fürsten, Freiherrn, Edelleute und dergleichen ... auch Gelehrte und berühmte Doktores" seien verschiedentlich bei dem Hexentreiben anwesend. Der Proktophantasmist als Goethesche Erfindung wird uns ja noch im Zusammenhang mit dem Gespenst von Tegel begegnen.

Offensichtlich reichte der Platz auf dem Brocken für die wilde Schar nicht aus, und so gibt es im Harz auch noch andere solcher Tanzplätze. Wahrscheinlich in dieser Funktion sogar älter als der Brocken ist der „Hexentanzplatz" im Bodetal. Sein Name reicht noch in germanische Zeit zurück. Damit ergibt sich auch die Frage, ob Zusammenhänge zwischen den Hexentanzplätzen der Sage und heidnischen Kulten bestehen. In der Walburgishalle beim „Hexentanzplatz", die 1901 errichtet wurde, hat der Maler Hermann Hendrich solche Mythen und Vorstellungen in teilweise schaurig-schönen Bildern zum Ergötzen und Gruseln der zahlreichen Besucher festgehalten. Ernsthafter tritt das Problem am Wurmberg bei Braunlage an uns heran; denn dort werden die Zusammenhänge schon offenkundig, wenn sie auch noch keineswegs geklärt sind. Beim Aufstieg kann man an der Sprungschanze die glücklicherweise erhalten gebliebenen Reste der Hexen- oder Heidentreppe erkennen, von der aus ein Steinpflasterweg weiterführt zu einem heidnischen Kultplatz möglicherweise aus keltischer Zeit.

Solche Zusammenhänge zwischen Hexen- und Kultplätzen bestehen nicht nur im Harz. Als ein typisches Beispiel sei hier nur das Walberla bei Bamberg genannt, ein 523 m hoher auffallender Inselberg. Hier haben Ausgräber Wehr-, Siedlungs- und Kultanlagen aus keltischer Zeit freigelegt, die darauf schließen lassen, daß es sich sogar um einen wichtigen Kultplatz handelt. Dabei triumphiert nicht, wie sonst häufig, St. Michael oder die Gottesmutter über die Heiden, sondern die heilige Walburgis, der dort oben die Kapelle geweiht wurde. Die Gründungssage erzählt von bösen Geistern, die mit Felsbrocken nach der frommen Frau warfen, doch von ihr bezwungen wurden. Seitdem dürfen nur in der Walburgisnacht Hexen und Druden auf dem Berggipfel tanzen, der aber leider auch in dieser Hinsicht allen Schrecken verloren hat und längst zu einem touristisch perfekt erschlossenen Rummelplatz (mit Walberla-Fest) geworden ist.

Die Loreley am Rhein

Für viele Ausländer, die Deutschland besuchen, vor allem für Amerikaner und Japaner, ist die Loreley der Inbegriff einer deutschen Sage schlechthin. Die Deutschen selbst haben ein ambivalentes Verhältnis zu der blonden singenden Dame. Die „Gebildeten unter ihren Verächtern“ wissen längst, daß sie gar keine echte Sagenfigur ist, sondern im Zuge der Rheinromantik erst erfunden wurde. Die Spötter mokieren sich über Heinrich Heines bekannte Ballade, und die meisten – seien wir doch ehrlich – hören in einer sentimentalen Minute das Lied nach der Melodie von F. Silcher doch ganz gern.

Daß der Felsen – ohne zu den magischen Plätzen zu zählen – die Betrachter schon immer magisch angezogen und fasziniert hat, läßt sich am schönsten an dem Loreley-Bild des englischen Malers William Turner von 1817 nachweisen, das ja keineswegs der Wirklichkeit entspricht und doch ausdrückt, wie die Menschen ihn innerlich empfinden.

Nun wäre es zu einfach, lediglich festzustellen, der Dichter Clemens Brentano (1778–1842) habe 1799 in seiner Ballade „Lore Lay“ die Figur frei erfunden. Vielmehr haben er und die anderen Dichter, die sich mit ihr beschäftigten, so Joseph von Eichendorff oder eben Heinrich Heine, nur einen Ort, der schon längst in älteren Sagen eine bedeutsame Rolle spielte, als Schauplatz bzw. Ausgangspunkt für ihre Dichtungen gewählt. Der 132 m steil über dem Strom aufragende Schieferfelsen trug auf seinem Plateau schon eine vorgeschichtliche Fliehburg, auch sein Name ist alt, geht nicht

Die Loreley, wie sie der englische Maler William Turner um 1817 sah.

erst auf die Ballade zurück, sondern basiert auf Lorleberg, Lurlenberg und Lurley, wobei die erste Silbe auf dämonische Wesen, Zwerge, Elfen hindeutet, Ley dagegen soviel wie Klippe bzw. Felsen heißt. Tatsächlich taucht er unter diesem Namen schon in mittelalterlichen Handschriften auf. So schreibt der Marner, ein Spruchdichter des 13. Jahrhunderts: „Der Ymelunge hort lit in dem Lurlenberge", also „der Hort der Nibelungen liegt im Loreley-Berg". Dort wiederum wurde er mit Zwergen in Verbindung gebracht, die im Berg hausen sollten. Immerhin gab es früher einmal am Fuß der Loreley ein „Hanselmannsloch", und Hanselmännchen waren eben Heinzelmännchen, die Zwerge. Sie sollen in dem Felsen auch für das berühmte Echo verantwortlich gewesen sein. Es beschäftigte schon seit Jahrhunderten die Gemüter, und bereits Humanisten wie Conrad Celtis oder Bernardus Mollerus schrieben darüber. So heißt es u. a.: „... früher hat man geglaubt dort hausten Pane, Sylvane und Oreaden", mit anderen Worten also Feld- und Waldgeister, sowie Bergnymphen. Gerade von letzteren gehen die Querverbindungen zu Brentanos Lore Lay und ihren verschiedenen Nachfolgerinnen.

Kyffhäuser und Untersberg – wo der Kaiser schläft

Kaum anderswo ist eine Sage in so gigantischem Ausmaß verewigt und verherrlicht worden wie auf dem Kyffhäuser. Kaum ein anderer Sagenort in Deutschland wurde und blieb auch während der Jahrzehnte deutscher Teilung bei jung und alt gleichermaßen so bekannt wie dieser kleine Gebirgsstock am Nordrand der Goldenen Aue in Thüringen. Eine geschichtsträchtige Landschaft war dieses Kyffhäuser-Gebirge, oft kurz nur „der Kyffhäuser" genannt, schon immer, stand dort oben doch einmal die mächtige Reichsburg Kyffhausen, die vom Kamm des Gebirges aus die weite umliegende Tallandschaft beherrschte. Eigentlich waren es sogar drei Burgen, die vor allem unter den salischen Königen zu einer Einheit zusammengeschlossen wurden. Seit dem Ende der staufischen Zeit verlor die dreiteilige Anlage dann allmählich ihre Bedeutung. Der Verfall setzte allerdings erst im 15. Jahrhundert ein. Damals wurde in den Ruinen der Unterburg ein schlichtes Holzkreuz als wundertätig verehrt, und seit 1433 erbaute man sogar eine kleine Wallfahrtskirche, die allerdings in der Reformationszeit wieder verfiel. So verlor der Berg seine Chance, zu einem bedeutenden Wallfahrtsort im Herzen Deutschlands aufzusteigen.

Wann er zum Schauplatz der Kaisersage wurde, läßt sich nicht genau sagen. Kaiser Friedrich Barbarossa, der selbst gern im Kyffhäuser-Gebiet geweilt und kurz vor Antritt seines Kreuzzuges die nahegelegene Pfalz Tilleda besucht hatte, war 1190 im fernen Orient gestorben. Wo seine Gebeine ihre letzte Ruhestätte gefunden haben, weiß merkwürdigerweise niemand genau. Vielleicht war es in der heute längst zerstörten Kathedrale von Antiochia am Orontes. Noch blieb die Macht des staufischen Kaiserhauses für zwei Generationen zumindest bestehen, bis Friedrich II., der Enkel Barbarossas, auf Sizilien starb und in Palermo beigesetzt wurde. In den nachfolgenden schweren Zeiten sehnte sich das Volk nach den Stauferkaisern zurück. Im Volksglauben vereinten sich in eigenartiger Metamorphose Großvater und Enkel. Sie durften nicht tot und für immer ihrem Vaterland entzogen sein, und so versetzte sie der Volksglaube als eine Art Über-Barbarossa eben in den Kyffhäuser. Keiner hat die Sage von dem im Berg schlafenden und doch zugleich wartenden Kaiser schöner dargestellt als 1817 der fränkische Dichter Friedrich Rückert:

„Der alte Barbarossa,
der Kaiser Friederich,
im unterirdschen Schlosse
hält er verzaubert sich.

Er ist niemals gestorben,
er lebt darin noch jetzt;
er hat im Schloß verborgen
zum Schlaf sich hingesetzt.

Kaiser Friedrich Barbarossa im Kyffhäuser. Holzstich des 19. Jahrhunderts.

Er hat hinabgenommen
des Reiches Herrlichkeit,
und wird einst wiederkommen,
mit ihr, zu seiner Zeit.

Der Stuhl ist elfenbeinern,
darauf der Kaiser sitzt;
der Tisch ist marmelsteinern,
worauf sein Haupt er stützt.

Sein Bart ist nicht von Flachsen,
er ist von Feuersglut,
ist durch den Tisch gewachsen,
worauf sein Kinn ausruht.

Er nickt als wie im Traume,
sein Aug' halb offen zwinkt;
und je nach langem Raume
er einem Knaben winkt.

Er spricht im Schlaf zum Knaben:
'Geh hin vors Schloß, o Zwerg,
und sieh, ob noch die Raben
herfliegen um den Berg.

Und wenn die alten Raben
noch fliegen immerdar,
so muß ich auch noch schlafen,
verzaubert hundert Jahr'.'"

Der Drachenfels im Siebengebirge am Rhein. Die Ruine auf seinem Gipfel, der letzte Rest einer Burg aus dem 12. Jahrhundert, gehört zu den meistbesuchten Ausflugszielen in Deutschland. Kein Besucher muß heute Angst vor jenem Drachen haben, der dem Berg seinen Namen gab. Die Sage beschreibt ihn als feuerspeiendes, menschenfressendes Ungeheuer. Nach einer Version fand er sein Ende durch eine tugendhafte christliche Jungfrau, nach einer anderen wurde er von einer Explosion zerrissen, als er ausgerechnet ein mit Pulver beladenes Schiff auf dem Rhein mit seinem Feuer angriff.

Blick vom Gipfelplateau des Brokken auf den Wurmberg bei Braunlage *(oben)*. Die kahle, weite Hochfläche mag geradezu eingeladen haben, hier den Tanzplatz der Hexen anzusiedeln, die sich alljährlich in der Walpurgisnacht mit dem Teufel amüsieren. Zahlreiche Sagen ranken sich um den Berg, den ja auch Goethe zum Schauplatz einer Szene seines „Faust" wählte. Auf dem Wurmberg im Hintergrund lag ein vorgeschichtlicher Kultplatz, von dem heute noch Spuren erhalten sind. Eine sogenannte Hexentreppe schafft schon vom Namen her die Verbindung zum Brocken.

Der Hexentanzplatz über dem Bodetal *(rechts)* nimmt für sich in Anspruch, älter als der Tanzplatz auf dem Brocken zu sein. Möglicherweise geht er als heidnische Kultstätte schon in die Zeit der Germanen zurück. Darauf weisen auch die Bilder in der 1901 errichteten, nahen Walpurgishalle hin.

Vorhergehende Doppelseite: Der markante Schieferfelsen der Loreley bei St. Goarshausen gehört heute, nach der bekannten Sage und Heinrich Heines Gedicht, zu den beliebtesten Touristenmotiven am Rhein. Die nur 113 m breite Rheinenge war einmal sehr gefährlich für die Schiffer und wurde erst durch Regulierungsarbeiten im 19. Jahrhundert entschärft. Mag die Sage von der Zauberin und Nixe auch noch nicht einmal 200 Jahre alt sein, so lassen sich doch weit ältere mythische Spuren nachweisen.

Der Untersberg in den Berchtesgadener Alpen *(links und oben)*, ein 1972 m hoher markanter Gebirgsstock, ist durch die Sage besonders berühmt geworden, soll er doch gleich mehreren Kaisern als Wohn- und Ruhestätte dienen. So allen voran Kaiser Karl dem Großen; aber auch Friedrich Barbarossa wird als Bewohner des Untersberges genannt und schließlich sogar noch Kaiser Karl V., den es aus dem fernen Spanien hierher verschlagen hätte. Schließlich weiß die Sage auch noch ausdrücklich von einer „Tochter des Kaisers“ zu berichten, doch ohne sie einem bestimmten Vater näher zuzuordnen.

Auf dem Kyffhäuser. Im Vordergrund die Ruine der alten Reichsburg Kyffhausen, im Hintergrund der weithin sichtbare Turm des 1896 durch Kaiser Wilhelm II. eingeweihten, bekannten Denkmals. Es wurde aus dem Gedanken errichtet, die Erinnerung an die Sage von dem im Berg schlafenden Kaiser Barbarossa mit der neuen Kaiseridee des Wilhelminischen Deutschlands zu verbinden.

Der Hohenkrähen, einer der typischen Vulkankegel des Hegaus, ist mit seiner Burgruine der Schauplatz der Sagen und Schwänke um den koboldartigen Burggeist Poppele. Dieser hat wahrscheinlich sein Vorbild in der Person des Burggrafen Vast Popolius Maier, der zu Beginn des 15. Jahrhunderts auf dem Hohenkrähen lebte.

Der Blick auf die Nordsee *(links)* bei der nordfriesischen Insel Nordstrand erinnert an die Eingangszeilen von Liliencrons Ballade „Heute bin ich über Runghold gefahren, die Stadt ging unter vor 500 Jahren ...". Die Spuren der 1362 vom Meer verschlungenen Siedlung wurden erst vor 70 Jahren wiederentdeckt.

Am Strand der Insel Usedom *(oben)*. Lag hier oder in der Nähe einmal die reiche Handelsstadt Vineta, von der Sage und Märchen so ausführlich erzählen? Die genaue Lage der angeblich vom Meer verschlungenen Stadt wird sich wohl trotz der Angaben in alten Chroniken nie eindeutig feststellen lassen.

Nur durch Zufall blieb der eigentlich wie das ganze Kloster Heisterbach *(linke Seite)* im 19. Jahrhundert zum Abbruch vorgesehene Chor erhalten. Er ist so das letzte kunstgeschichtlich bedeutsame und zugleich romantische Zeugnis des einst bedeutenden Klosters im rheinischen Siebengebirge. In diesem Kloster wirkte jener Mönch Caesarius, der eine der schönsten Legenden- und Wundergeschichtensammlungen des Mittelalters schrieb, die bis heute mit dem Namen Heisterbach verbunden ist.

Einsam liegt die Ruine der Burg Wildenberg im Odenwald *(oben)*. Hier verfaßte wahrscheinlich Wolfram von Eschenbach einen Großteil seines „Parzival", aber noch bleibt in diesem Zusammenhang manches unklar und geheimnisvoll. Den mächtigen Kamin im Pallas der Burg *(links)* erwähnt er jedenfalls ausdrücklich bei einem Vergleich in der Dichtung.

Die Wartburg oberhalb von Eisenach gehört zu den historisch bedeutendsten Burganlagen Deutschlands *(oben)*. Wer sie von ferne in ihrer beherrschenden Lage über den Bergen des Thüringer Waldes erblickt *(rechts)*, kann leicht verstehen, daß sie besonders von Sagen umwoben ist. Am bekanntesten wurde die Geschichte vom Sängerkrieg, die auch Richard Wagner für seine Oper „Tannhäuser" verwertete. Der Hörselberg als Schauplatz der eigentlichen Tannhäuser-Sage liegt nur wenige Kilometer nordostwärts von der Wartburg entfernt.

Der in seiner klassizistischen Nüchternheit doch durchaus reizvolle Bau des Schlosses Tegel in Berlin-Reinickendorf steht seit 1826 an der Stelle eines ehemaligen kurfürstlichen Jagdschlosses. Dieses wurde nur drei Jahrzehnte vor dem Umbau Schauplatz von Spukerscheinungen, die ganz Berlin in helle Aufregung versetzten. Auch der bekannte Aufklärer Friedrich Nicolai beschäftigte – und blamierte sich damit, was wiederum Goethe ausnutzte und ihm in der Walpurgisnacht-Szene des „Faust" in der Gestalt des Proktophantasmisten ein wenig schmeichelhaftes literarisches Denkmal setzte.

Die Kirche des ehemaligen Klosters Kaisheim in Bayerisch-Schwaben war einmal, wenn man der Sage glauben darf, im späten Mittelalter das Gefängnis des Teufels – oder vielleicht auch nur eines Unterteufels –, den ein frommer Klosterbruder in eine Flasche gebannt hatte. Diese wurde auf dem Dachboden der Kirche aufgehängt und durfte dort sogar besichtigt werden. Der Teufel konnte sich aber dennoch befreien, als ein Blitz in den Vierungsturm der Kirche einschlug und dabei auch die Flasche zerstörte. Eine Chronik vermerkt ausdrücklich das Jahr 1543 für dieses Ereignis.

Burg Stockenfels hoch über dem Regen in der Oberpfalz steht seit altersher in dem Ruf, ein Gespenstergefängnis zu sein. Geisterbanner brachten und bringen angeblich immer noch die eingefangenen Geister hierher.

Besonders jene Bierbrauer aus dem ganzen Bayernland, die zu ihren Lebzeiten den edlen Gerstensaft verwässerten, sind nach ihrem Tode hier untergebracht und müssen zur Strafe aus einem tiefen Brunnen Wasser schöpfen.

Das Nibelungenlied erzählt, Siegfried sei im Odenwald ermordet worden. Nur der genaue Ort wurde nicht angegeben, und es läßt sich bis heute nicht klar bestimmen, welchen der Dichter des Liedes gemeint haben könnte. So wetteifern einige Plätze um die eigentlich doch recht zweifelhafte Ehre, der Schauplatz des Mordes zu sein. Dazu gehört der Lindelbrunnen zwischen Hiltersklingen und Hüttenthal *(oben)*, und die nahegelegene Siegfriedquelle bei Gras-Ellenbach *(links)*.

Die Greifensteine nordwestlich von Annaberg-Buchholz gehören zu den reizvollsten Naturdenkmälern des Erzgebirges. Es sind die letzten Reste eines ehemals mächtigen Granitmassivs. Von den 731 m über dem Meeresspiegel aufragenden Felsen bietet sich ein herrlicher Blick auf den Kamm des Erzgebirges. Die Sage erzählt von verborgenen Schätzen, von Rittern, die hier in Höhlen tafeln und einsame Wanderer beschenken. Die Stülpnerhöhle erinnert an den beim Volke einst so beliebten Wildschützen.

Der Roland in Brandenburg *(links)* steht heute vor dem Altstädtischen Rathaus und muß sich erst daran gewöhnen, denn von 1474 bis 1945 hatte er seinen festen Platz vor dem Rathaus der Neustadt. Nachdem dieses im Krieg zerstört wurde, mußte er wandern und ist somit die einzige Rolandfigur, der ein solches Schicksal wiederfuhr.

Der Roland vor dem Rathaus in Stendal *(rechts)* ist gewiß nicht der schönste unter seinen Brüdern, wohl aber einer der stattlichsten. Niemand sieht es ihm an, daß es sich nur um eine Kopie handelt, aber sein echter Vorgänger segnete während eines orkanartigen Sturmes 1972 das Zeitliche.

Folgende Seite: „Roland der Riese am Rathaus zu Bremen" ist nicht nur die bekannteste, sondern auch die schönste und größte unter allen deutschen Rolandfiguren. Vom Sockelfuß bis zum Baldachin mißt er über 10 m. Seit fast 500 Jahren trotzt er den Stürmen der Zeit, nur seinen Kopf hat er verloren, denn der wanderte ins Museum und wurde durch eine Sandsteinkopie ersetzt.

Gerade die große Popularität der Sage und des damit verbundenen Kaiser- bzw. Reichsgedankens veranlaßte die Kriegervereine des Zweiten Deutschen Kaiserreiches nach 1890 zu dem Plan, auf dem Kyffhäuser ein mächtiges Denkmal zu errichten, das die Erinnerung an die alte Kaiserherrlichkeit mit einer gigantomanischen Verherrlichung des Wilhelminischen Reiches verbinden sollte. Aus dieser Idee entstand innerhalb weniger Jahre bis 1896 jener Denkmalsturm mit den Standbildern des ruhenden Kaisers Friedrich Barbarossa auf der einen und des reitenden Kaisers Wilhelm I. auf der anderen Seite, der beim Betrachter auch heute noch die unterschiedlichsten Gefühle von naivem Staunen bis zu kritischer Ablehnung auslöst.

Der Ruhe des Alten im Berge ist das Denkmal allerdings nicht förderlich gewesen; denn die Zahl der Touristen nimmt alljährlich immer noch zu. Sie bevölkern jetzt jeden Winkel des Kyffhäusers und sorgen für solchen Trubel, daß sich Barbarossa vielleicht schon an einen der anderen Plätze zurückgezogen hat, die ihm von den Sagen noch zur letzten Ruhe zugewiesen wurden.

Trotz allem – und das ist die andere Seite – zählt der Kyffhäuser auch zu den magischen Orten, denn es existieren hier noch verschiedene Höhlen und Spalten, von denen einige bedeutende vorgeschichtliche Kultplätze waren. Prähistoriker haben in den fünfziger Jahren nordwestlich von Frankenhausen ein regelrechtes „Kannibalennest", wie sie es nannten, freigelegt, einen Höhlenbereich, in dem sie Spuren von mehr als 100 Menschenopfern entdeckten, die auf ein bisher noch nicht näher erforschtes, wichtiges Heiligtum hinweisen.

In Deutschland gibt es noch eine ganze Reihe von Bergen, die dem Stauferkaiser als letzte Ruhestätte dienen sollen. Zu den schönsten gehört der Untersberg in den Berchtesgadener Alpen. Um den 2000 m hohen Gebirgsstock ranken sich verschiedene Sagen, eine davon erzählt von einem hier schlafenden Kaiser, dem eine wahrhaft grandiose Ruhestätte gewährt ist: „Im Schoß des Berges sitzt verzaubert ein alter Kaiser. Einige sagen, Karl der Große sei es, andere nennen Friedrich den Rotbart, der sich in das Unterschloß auf dem Kyffhäuser in Thüringen verwünscht habe und dort noch sitzen soll. Wieder andere lassen Kaiser Karl V. den sein, der im Untersberg verzaubert weile. Mancher soll ihn gesehen haben mitten im Kreis glänzender Wappner, sitzend an einem Tisch von Marmelstein, durch welchen ihm der Bart gewachsen, der fast dreimal um den Tisch reicht. Wenn er zum drittenmal die letzte Ecke erreicht, dann wird der Antichrist erscheinen, dann wird die große Schlacht auf dem Walserfelde geschlagen, die Engel stoßen in ihre Posaunen, und der Jüngste Tag bricht an. Auch die Tochter des Kaisers wohnt daselbst und hat sich zum öftern freundlich gegen solche gezeigt, die zu günstiger Stunde in den Berg traten."

Der Hohenkrähen – wo Poppele spukt

Der Hegau mit seinen Vulkankegeln nordwestlich des Bodensees zählt zu den besonders reizvollen und malerischen deutschen Landschaften. Hohentwiel und Hohenkrähen, Hohenstoffeln, Mägdeberg, Hohenhewen und andere haben sich steil über ein altes eiszeitliches Becken emporgeschoben, die meisten Gipfel der Berge sind von Ruinen gekrönt, ein Zeichen dafür, daß es altes geschichtsträchtiges Kulturland ist. Die Kenner und Literaturfreunde wird es wohl zuerst zum trutzigen Hohentwiel ziehen, wo sie den Spuren des Mönches Ekkehard und der Herzogin Hadwig nachgehen. So hofft man jedenfalls, aber ihre Zahl wird auch immer kleiner, denn wer liest denn heute noch den einmal so beliebten und immer noch lesenswerten Roman Viktor von Scheffels? Vom Gipfel dort ergibt sich ein schöner Blick hinüber zum Hohenkrähen, dessen wichtigsten Bewohner wenigstens die Kinder und Sagenfreunde gut kennen, zumal von diesem „Poppele von Hohenkrähen" manche Geschichte überliefert ist.

Die Burg auf dem 644 m hohen Berg wurde Ende des 12. Jahrhunderts erbaut, zeitweilig diente sie im Spätmittelalter als Raubritternest, im Zuge der politischen Auseinandersetzungen zwischen Württemberg und Österreich wurde sie mehrfach belagert, schließlich zerstört und blieb Ruine, nur die ehemalige Vorburg ist seit etwa 20 Jahren friedlichen Zwekken zugeführt und dient als Pfadfinderheim.

Neben diversen Raubrittern gilt als ihr berühmtester Bewohner wohl der Burgvogt Vast Popolius Maier, der zu Beginn des 15. Jahrhunderts auf dem Hohenkrähen lebte und zu einer der bekanntesten Sagenfiguren Schwabens avancierte. Dabei wird man gar nicht so recht klug aus ihm, da er zum einen als habgieriger Leuteschinder und Raufbold, zum anderen als stets zu Streichen aufgelegtes freundliches Männlein beschrieben wird. Vom bösen Poppele wird erzählt, er habe seinen eigenen Bruder aus Habsucht ermordet und müsse deshalb als Geist umgehen, auch habe er den Abt eines schwäbischen Klosters 9 Jahre und 40 Tage bei Wasser und Brot auf dem Hohenkrähen gefangengehalten, doch dieser verfluchte ihn schließlich mit Hilfe eines alten Zauberbuches, worauf Poppele vom Pferd stürzte, sich das Genick brach und zum Gespenst wurde.

Schöner sind da schon die Geschichten vom Kobold Poppele, der den Menschen zwar gerne hilft, dessen Hilfe aber – wie Bechstein erzählt – meist so unerbeten wie unwillkommen war. „Er trägt zwar die Garben in die Scheuer, aber er wirft sie durcheinander, statt sie auszudreschen. Er spannt zwar das Vieh an und ein, aber verkehrt; die Wagen und Kutschen hemmt er, wo es nicht nötig ist. Manchen äffte Poppele, der zerbrechliche Ware hatte, stand als Baumstrunk oder als einladende Bank am Weg: setzten sich nun die Müden mit ihrem Glas- oder Eierkorb darauf, plautz, saßen sie auf dem eigenen Poppel, Strunk oder Bank waren weg, und die Fracht zertöpperte."

Die Zahl seiner Streiche ist groß, lang die Liste der Ratschläge, wie man sich ihm gegenüber verhalten müsse. Das Originellste an der Geschichte ist die Tatsache, daß man auch heute noch sein Grab besichtigen kann. Es liegt in der Peter-und-Pauls-Kirche in Mühlhausen, halbwegs zwischen Singen und Engen. Die Überlieferung berichtet, Poppele sei dort „unter dem Ewigen Licht" begraben worden, und tatsächlich wurde an der Südwand der ehemaligen Grabkapelle im Chor 1936 ein altes Grab entdeckt. Auf alle Fälle hatten die Mühlhausener eine neue Grabplatte an der südlichen Außenwand an der Kirche angebracht, die einen Ritter mit merkwürdig spitzem Kinn zeigt und die Inschrift „Vast Popolius Maier, Foget uff Kraigen". Aber Poppele müßte nicht Poppele sein, hätte er sich für seinen Grabstein nicht auch heute noch einen besonderen Streich ausgedacht. Man wird ihn derzeit nämlich vergeblich an der Kirchenwand suchen. Obgleich allgemein bekannt und sogar in der einschlägigen Literatur abgebildet, ist er verschwunden. Bei der Nachfrage stößt man nur auf Achselzucken. Angeblich weiß niemand, wohin er verschwunden ist. Ein einziger Kommentar: „Den hat wohl die Karnevalsgesellschaft geholt!"

Zwei untergegangene Städte – Vineta und Rungholt

Von zwei geheimnisumwobenen Sagenorten in Deutschland können wir die Lage nur noch vermuten, weil sie längst in der Ost- und in der Nordsee verschwunden sind. Beide haben sie stets das Interesse der Archäologen, Geschichtsforscher und auch der Dichter gereizt. Im Gegensatz etwa zu Atlantis, das heute schon auf dem halben Erdball gesucht wird, lassen sich diese beiden Orte auf verhältnismäßig engem Raum lokalisieren.

Die größeren Rätsel gibt dabei immer noch Vineta auf. Die reizvollste Fassung der Sage von seinem Untergang verdanken wir wohl dem bekannten pommerschen Sagenforscher Alfred Haas in dessen erstmals 1912 erschienener Sammlung „Pommersche Sagen". Sie erzählt von einer reichen Stadt, deren Häuser

Der Untergang von Vineta. Aus C. Lycosthenes „Prodigiorum ac ostentorum chronicon“, Basel 1557.

den Vergleich mit den Palästen von Venedig nicht scheuen mußten, von einem Hafen, in dem stets 100 Schiffe lagen, welche „bis Archangel und Konstantinopel“ fuhren. Sie berichtet aber auch vom Hochmut der Bewohner, wahren Sybariten, die in Saus und Braus lebten, sich den größten Luxus gönnten und das Brot als Gottesgabe verachteten. Aber ein göttliches Strafgericht brach über sie herein, eine Sturmflut wälzte sich in einer Novembernacht über die Stadt und riß die Häuser und ihre Bewohner mit sich in die Tiefe. So in aller Kürze und in groben Zügen nur die eine Fassung der Sage. Es ist nicht die älteste, denn Berichte über Vineta gehen schon auf das 16. Jahrhundert zurück und finden sich in der Chronik von Pommern des Johannes Bugenhagen. Von da an zieht sich ein dünner, aber doch deutlich erkennbarer roter Faden durch die Literatur, auch auf den Karten findet sich die Stadt eingezeichnet. Und doch ist sie bis heute nicht genau lokalisiert. In älteren Darstellungen wird sie an der Nordwestküste Usedoms angesiedelt, eine Chronik ist noch genauer: „Denn wenn einer von Wolgast über Peene in das Land zu Usedom ziehen will und gegen ein Dorf, Damerow geheißen, kommt, so sieht man noch ungefährlich ein groß Viertel Weges in der See ... große Steine und Fundament ...“

Seit dem 19. Jahrhundert bringt man Vineta auch in Zusammenhang mit der Insel Wollin, die heute zu Polen gehört. Dort entstand seit dem 7. Jahrhundert die Siedlung Jumne, in deren unmittelbarer Nachbarschaft dänische Wikinger das berüchtigte Piratennest der Jomsburg errichteten. Im 11. Jahrhundert wurde Jumne zerstört, die letzten Reste versanken 1304 während einer Springflut im Meer. Man vermutet, daß daraus die Sage von Vineta entstanden sein könnte, zumal sich in diesem Falle der Name von „Urbs Venetorum“ – Stadt der (slawischen) Wenden –, aber auch direkt von Jumne/Jumneta ableiten ließe.

Schöner ist es allerdings, wenn wir uns nicht um historische und philologische Deutungen kümmern, sondern Vineta weitersuchen und hoffen, daß es bei einem Besuch der Ostseeküste auch für uns einmal aus den Fluten auftaucht, so wie es für den kleinen Nils Holgersson aufgetaucht ist. Die schwedische Dichterin Selma Lagerlöf hat die Geschichte in dem gleichnamigen Kinderbuch erzählt. Kenner werden bestätigen, daß es die schönste und daher lesenswerteste Fassung der Vineta-Sage ist.

Rungholt hat seinen Dichter in Detlev von Liliencron (1844–1909) gefunden. Kaum jemand wird sich der Faszination seiner Ballade entziehen können, die mit den Worten beginnt:

„Heut bin ich über Rungholt gefahren,
Die Stadt ging unter vor fünfhundert Jahren.
Noch schlagen die Wellen da wild empört
Wie damals, als sie die Marschen zerstört ...“

Dann malt er dramatisch den Untergang der Stadt aus. Freilich hat er dabei seine dichterischen Freiheiten genutzt, von Hunderttausenden läßt er sie bewohnt sein:

„Ein einziger Schrei – die Stadt ist versunken,
Und Hunderttausende sind ertrunken ...“

Liliencron sieht den Untergang nicht als Strafgericht Gottes, sondern als Naturkatastrophe, der die Menschen mit all ihrem Reichtum und Hochmut nichts entgegensetzen können. Die Volkssage bringt den Untergang wie bei Vineta mit einem Gottesgericht in Verbindung.

Diesmal sind wir nicht mehr auf Vermutungen angewiesen, sondern können den historischen Kern aus Ballade und Sage herauslösen: Rungholt war ein kleiner Hafenort mit etwa 1000 Einwohnern auf Alt-Nordstrand, jener nordfriesischen Insel, die einmal die heutigen Inseln Nordstrand und Pellworm sowie die Halligen Südfall und Nordstrandischmoor umfaßte und in einer schweren Sturmflut 1634 auseinanderriß. Rungholt allerdings ging schon wesentlich früher unter und wurde in der Marcellus-Flut des Jahres 1362 zerstört. Die Erinnerung verblich, ohne genaue Lokalisierung blieb nur die Sage. Sie schmückte den Untergang aus und vergrößerte die Stadt, bis dann Liliencron noch ein tüchtiges Stück draufsetzte. Durch Zufall fand 1921 ein Landwirt bei einer Wanderung im Watt die ersten Spuren von Rungholt, sozusagen in letzter Minute, bevor die See auch die letzten Überreste hinweggeschwemmt hatte.

Kloster Heisterbach – wo Mythen lebendig werden

„Ein wunderlicher Bau – es gleiten
Viel Schatten durch den öden Raum,
Und Säulen treten dort hervor,
Ein alt verfallner Kirchenchor.
Es steht ein Weihstein vor dem alten Chor
Von grauem Steine, halb verwittert,
Und Immergrün, das ihn umgittert,
Und Epheu wächst am morschen Fuß empor;
Auch wilde Rosen sehn ihr lieblich Bild
Im nächtgen Thaue, der das Becken füllt.“

So schrieb im ersten Drittel des vorigen Jahrhunderts der Dichter F. W. Hackländer. Wer heute von Godesberg oder Königswinter aus im Siebengebirge die Ruinen des Klosters besucht, mag vielleicht etwas enttäuscht sein. Vorbei ist es mit der romantischen Einsamkeit, die sorgfältigen Ausgrabungen und Restaurierungen der erhaltenen Ruinenreste haben sozusagen die Patina beseitigt. Und trotzdem lohnt der Besuch, vielleicht hat man auch Glück und kann auf einer der einladend aufgestellten Bänke zwischen Blumenrabatten und unter Bäumen den Anblick des immer noch tief beeindruckenden Chores in Ruhe genießen und dabei über die Geschichte des Klosters nachdenken, vor allem auch über die Sagen, die es umgeben. Die Geschichte läßt sich mit wenigen Worten erzählen. Zisterzienser hatten Heisterbach 1192 vom Kloster Himmerod in der Eifel aus gegründet. Es florierte, überstand die vielzitierten Stürme der Zeit und wurde schließlich 1803 im Zuge der Säkularisation aufgehoben. Man verkaufte die Gebäude und riß sie ab, nur die Chorruine blieb durch Zufall oder eine Schicksalsfügung erhalten, da die vorbereitete Sprengung nicht funktionierte. Das alles hätte aber bestenfalls nur noch eine gewisse lokale Bedeutung, wären da nicht zwei Mönche, die den Namen des Klosters bis heute berühmt gemacht haben.

Zum einen jener Bruder Maurus, der auf einem Spaziergang in der Umgebung des Klosters über den Satz des Apostels Petrus:

„Tausend Jahre sind vor dem Herrn wie ein Tag und ein Tag wie tausend Jahre", nachdachte und dessen Sinn anzweifelte. Als ihn die Vesperglocke dann zum Gebet rief, mußte er feststellen, daß ihn niemand mehr im Kloster kannte. Drei Jahrhunderte waren seit Beginn seines Spaziergangs wie wenige Stunden für ihn vergangen, sozusagen als ein Fingerzeig und eine Mahnung Gottes. Die gleiche Sage wird auch von Erpho, dem ersten Abt des Klosters Siegburg, erzählt, vielleicht sogar nach einer älteren Überlieferung, aber irgendwie gehören Heisterbach und der einsame Mönch zusammen, denn hier umfängt die Besucher der Zauber der Vergänglichkeit besonders nachhaltig. Der rheinische Heimatdichter Wolfgang Müller hat in seiner Ballade „Der Mönch zu Heisterbach" diesem einsamen Spaziergänger ein literarisches Denkmal gesetzt. Ein richtiges erhielt ein anderer Mönch, nämlich jener Cäsarius, der im ersten Drittel des 13. Jahrhunderts im Kloster als Prior wirkte und hier ein berühmtes Buch schrieb. Es ist der „Dialogus miraculorum" – der „Dialog der Wunder"–, wie er in der Kurzform genannt wird, eigentlich eine Sammlung von Gesprächen zwischen einem Mönch und einem Novizen über die Vor- und Nachteile des Klosterlebens, über Probleme, Zweifel, Nöte. Der kluge Mönch sucht die Sorgen des jungen Novizen durch beispielhafte Geschichten auszuräumen, und diese bilden eben den Inhalt der in ihrer Art einmaligen köstlichen Mirakel-, Legenden- und Geschichtensammlung.

Die Abteiruine von Heisterbach im 19. Jahrhundert.

Man muß in gewissen Büchern „vor Ort“ lesen, um sie bis ins Letzte genießen zu können. Stifters „Hochwald“ gehört ebenso dazu wie etwa Daudets „Briefe aus meiner Mühle“. Ganz sicher aber bereitet es auch ein besonderes Vergnügen, gerade in Heisterbach in einer der nun glücklicherweise wieder verfügbaren Übersetzungen des „Dialogus“ zu lesen. Cäsarius hat ja seine Figuren so plastisch beschrieben, daß sie sich vor der Kulisse der Klosterruine zu einem seltsam-bunten Reigen fügen. Es sind fromme Leute darunter und natürlich auch manche böse, einige von diesen bekehren sich, andere verfallen der ewigen Verdammnis, was Cäsarius besonders eindrucksvoll zu beschreiben weiß. Alle menschlichen Tugenden und viele nur erdenkbaren Laster werden fein säuberlich in Beispielen vorgeführt, im Hinblick auf heute fehlen von letzteren allerdings doch eine ganz erhebliche Zahl. Ketzer und Einfältige, hochmütige und ein paar kluge Leute tauchen auf, sogar Vaganten und Gaukler finden sich unter ihnen. Feministinnen mögen bemängeln, daß zu wenige Frauen darunter sind und diese im Guten wie im Bösen etwas einseitig gezeichnet werden. Insgesamt aber ist es eines der schönsten mittelalterlichen Mysterienspiele, das hier vor unserem geistigen Auge abrollt.

Wildenberg – die Gralsburg im Odenwald

Wer Burg Wildenberg im Odenwald besuchen will, kann sie auf verhältnismäßig kurzer Fahrt auf der Straße von Amorbach in Richtung Walldürn und dann rechts ab nach Preunschen erreichen, von wo aus ein Fußweg zur Burg führt, deren Ruinen dann plötzlich vor dem Wanderer im Wald auftauchen. Der weitaus schönere, allerdings auch strapaziösere Weg geht hinter Buch am Westhang des Mudau-Tales zunächst allmählich ansteigend, dann steil zur Burg empor, deren machtvollen Anblick man schon lange bei der Wanderung genießen kann. Von hier aus läßt sich am besten der Ausspruch des Kunsthistorikers Dehio verstehen, der Wildenberg als eine der schönsten Burgruinen bezeichnete, die sich aus romanischer Zeit erhalten haben.

Erbaut haben sie die Herren von Durne (Walldürn), die zu den mächtigsten Dynastengeschlechtern der staufischen Zeit gehörten. Die Größe der Burg spiegelt deren allgemein hohes Ansehen. Der Bau wurde etwa um 1170 wohl unter Rupert von Durne begonnen, und der steile Bergausläufer nördlich von Preunschen zwischen dem Stammsitz der Familie und dem Schirmkloster Amorbach eignete sich strategisch besonders gut für eine Höhenburg. Im Besitz der Familie blieb sie nur ein Jahrhundert; denn schon 1271 wurde sie an die Erzbischöfe von Mainz verkauft, unter deren Burggrafen rasch der allgemeine Niedergang einsetzte. Die Burg ist weniger mit der Volkssage als vielmehr mit der Rittersage verbunden. Ganz konkret erhebt sich die Frage, ob sie das Vorbild für Munsalvaesche, die Gralsburg des Parzival, bildete. Noch immer ist diese Frage nicht geklärt, und neben Wildenberg erhebt auch Burg Abenberg westlich von Wolframseschenbach in Mittelfranken ernsthaften Anspruch auf den Ruhm, das Vorbild der Gralsburg zu sein.

Eine Klärung der Frage hängt eng zusammen mit der Lebensgeschichte des Dichters Wolfram von Eschenbach, über die wir in groben Zügen zwar Bescheid wissen, in der aber doch auch manches geheimnisvoll bleibt. Wolfram war so alt wie die Wildenburg, d. h., er wurde um 1170 in Eschenbach in Mittelfranken geboren. Er war ein offensichtlich recht armer Teufel, stand als Ministeriale im Dienst des Grafen von Wertheim, der wohl auch die Verbindung zu den Herren von Durne hergestellt haben mag, die dann Wolfram auf Burg Wildenberg großzügige Gastfreundschaft gewährten. Hier nun scheint ein Teil des „Parzival“ entstanden zu sein – so muß man schon sagen –, denn selbst diese „Entstehung“ bleibt irgendwie rätselhaft und geheimnisvoll. Wolfram sagt selbst: „Ich enkan deheinen buochstab.“ Konnte er tatsächlich weder lesen noch schreiben? Dann hätte er das gesamte Werk mit seinen 25 000 Versen völlig frei aus dem Kopf diktiert, was doch zweifelhaft erscheinen mag. Und wie kam er an das französische Vorbild, den „Perceval" des Chréstien de Troyes? Vielleicht besaß sein Gönner, der Herr von Durne eine der damals äußerst kostbaren Abschriften des französischen Originals. Wie aber lernte Wolfram dann ihren Inhalt kennen? Wurde er ihm vorgelesen? Es sind Fragen über Fragen, die sich zu der für uns schon gestellten Kernfrage nach Wildenberg als dem Vorbild der Gralsburg gesellen. Vieles spricht dafür, so die mehrfache Erwähnung Wildenbergs im Text, der Vergleich der Kamine und manches andere mehr. Auch die Schilderung von Sigunes Klause läßt sich auf die heutige Amorbrunnkapelle beziehen, die schon zu Wolframs Zeit als Einsiedelei erwähnt wird.

In den letzten Jahren haben sich verschiedene Werke eingehend mit der Verbindung zwischen dem Templerorden und dem Gralsmythos beschäftigt. Hier gibt es Bezüge zu Wildenberg. Offen und nicht widerlegt bleibt die Vermutung, daß die Burgherren zur Zeit Wolframs dem Orden angehörten oder ihm zumindest sehr nahe standen, darauf deuten schon die am Torbau eingemeißelten Templerfahnen hin. Das würde dann auch erklären, warum Wolfram die Bewohner der Gralsburg „Templeisen" nennt. Kannte der Dichter vielleicht sogar die Verbindung der Gralssage zum Montségur in den Pyrenäen? Das wäre eine seltsame, geheimnisvolle Querverbindung von der einsamen, unheimlichen Burg in den Pyrenäen zu der damals nicht weniger einsamen im fernen Odenwald. Es ist reizvoll, daß die Realität manchmal ein Türchen offenläßt in die phantastische Welt der Vermutungen. Hier in Wildenberg bleibt es dem Besucher, der die Ruinen durchstreift, überlassen, es zu durchschreiten …

Rekonstruktionszeichnung der Burg Wildenberg im Odenwald.

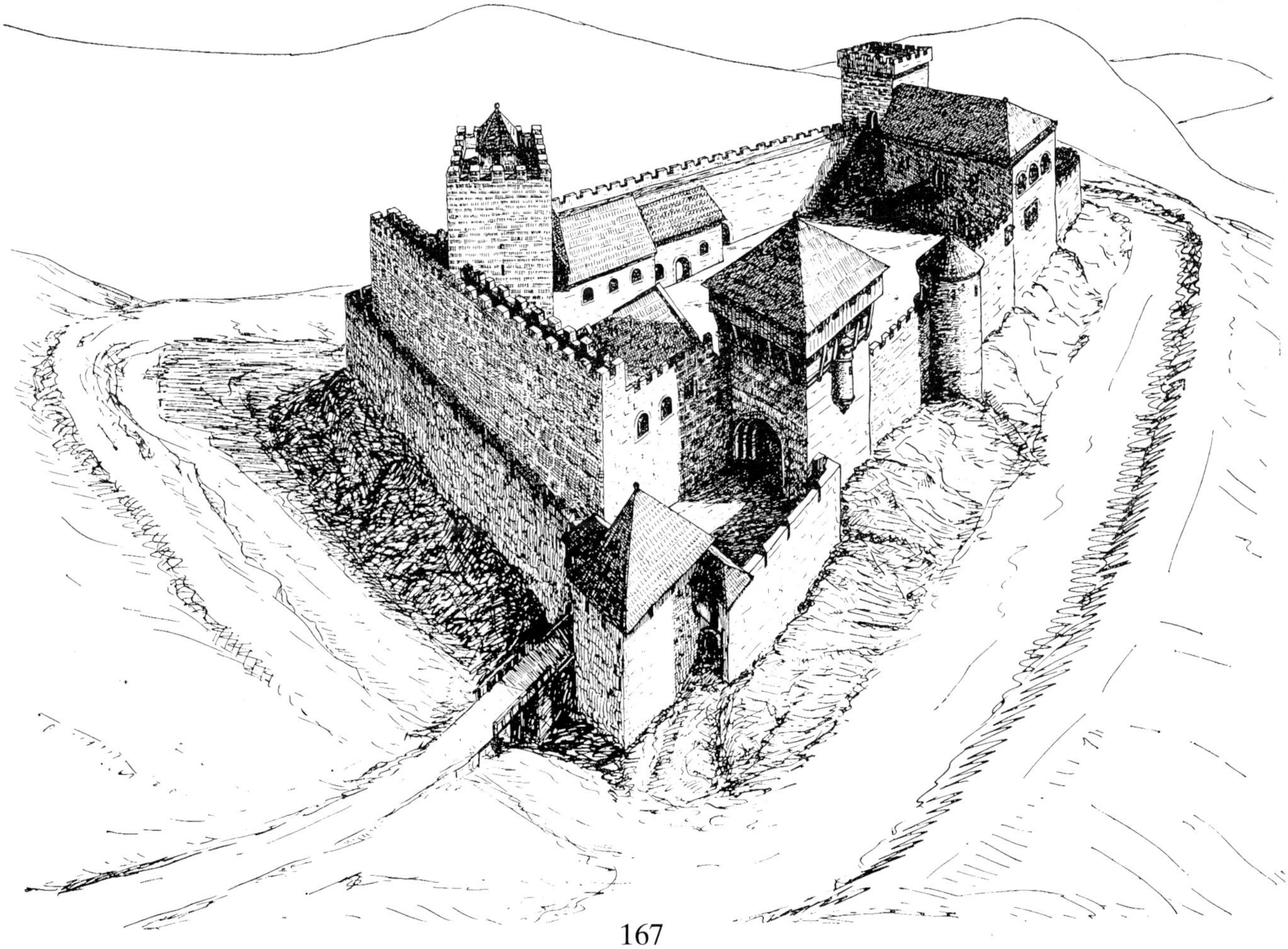

Der Sängerkrieg auf der Wartburg in einer romantischen Darstellung des 19. Jahrhunderts.

Die Wartburg – wo die Sänger stritten

Unter den vielen Geschichten und Sagen um die Wartburg ist sicher die vom Sängerkrieg am bekanntesten geworden, nicht zuletzt durch die Behandlung des Stoffes in der gleichnamigen Novelle E. T. A. Hoffmanns und vor allem durch Richard Wagners Oper „Tannhäuser oder der Sängerkrieg auf der Wartburg". Mancher Besucher der Wartburg nimmt das sagenhafte Geschehen, das ja auch das bekannte Gemälde Moritz von Schwinds im Landgrafenhaus festhält, als Tatsache.

Sicher hat der Sängerkrieg in der geschilderten Weise nie stattgefunden. Doch wie so häufig, weist auch die Sage einen historischen Kern auf, der nur herausgeschält werden muß. Dazu gehört die Tatsache, daß der Hof der Landgrafen von Thüringen ähnlich wie der Hof der Babenberger in Wien zu Beginn des 13. Jahrhunderts als besonders kunstfreudig galt und deshalb auch einen geistigen Mittelpunkt in der deutschen Kulturlandschaft der Stauferzeit bildete.

Der Landgraf bot auch verschiedenen Minnesängern, die ja alle mit Glücksgütern nicht gesegnet waren, Unterstützung und Hilfe. Zu ihnen gehörten die bedeutendsten Dichter ihrer Zeit, ein Walther von der Vogelweide und ein Wolfram von Eschenbach, die beide in ihren Werken von ihrem Aufenthalt am Landgrafenhof berichten. Die Anwesenheit solcher und anderer bekannter Sänger, ihre Gespräche, sicher auch manche „Dichterlesung", wie wir heute sagen würden, mag der Anlaß für Anekdoten und letztlich auch für die Geschichte vom Sängerkrieg gewesen sein. Sicher wurde dieser nicht mit dem Henker im Hintergrund und einem Zauberer als Helfer veranstaltet, wie es die Sage ausschmückt und Moritz von Schwind auf seinem Bild schildert, wohl aber kann möglicherweise um 1206 eine Art Sänger- und Dichterwettstreit, vielleicht ein Symposion zu Ehren des Landgrafen, stattgefunden haben. Möglicherweise kam es dort sogar zu einem Eklat, aber das sind alles Vermutungen, die man nie wird abklären können.

Richard Wagner hat nun nach eingehenden Vorstudien im Libretto zu seinem „Tannhäuser" zwei Sagen miteinander verbunden und sie darüber hinaus in Beziehung zur heiligen Elisabeth gesetzt. Die Tannhäuser-Sage hängt aber eigentlich gar nicht mit der Wartburg, sondern vielmehr mit dem nahegelegenen Hörselberg zusammen. Dieser spielt unter den magischen Plätzen in Deutschland eine gewisse Rolle, so daß sich wieder einmal Geschichte, Sage und Magie miteinander verbinden.

Dem Berg kommt seit alters her ebenso große Bedeutung zu wie etwa dem Meißner im Hessischen. Offensichtlich war er schon in vorgeschichtlicher Zeit ein wichtiger Kultplatz. Seltsam vermengen sich hier die Vorstellungen von magischen Frauenfiguren. Da ist einmal Frau Holle, die sonst ihren Wohnsitz im Gebiet des Meißners hat. Sie kann hilfreich sein, Segen und Fruchtbarkeit schenken, fleißige Frauen unterstützen, bei der Suche nach heilkräftigen Kräutern helfen, wie es sie rund um den Hörselberg in reichen Mengen gab. Sie stürmt aber auch an der Spitze des Wilden Heeres einher, begleitet vom Wilden Jäger. In ihren positiven Eigenschaften wird sie auch hier gleichgesetzt – oder verschmilzt – mit der germanischen Göttin Freya als Hüterin der Ehe und des Familienlebens. Als Anführerin des Wilden Heeres begegnen wir ihr aber auch in der Gestalt der Frau Venus. Sie ist, so erzählt die Sage, in den Hörselberg verbannt. Wie sie als Göttin der Liebe ausgerechnet dorthin kommt, weiß man nicht. Im Gegenteil, um die Verwirrung noch zu vergrößern, wird sie auch manchmal als Herodias angesehen, die das Haupt Johannes' des Täufers forderte und daher zu ewiger Wanderschaft verflucht ist.

Diese Frau Venus lockte den Ritter Tannhäuser in den Berg. Seine Geschichte von Lust und Reue ist so bekannt, daß sie hier nicht wiederholt werden muß. Der Minnesänger Tannhäuser hat wirklich gelebt, am Sängerkrieg aber kann er nicht teilgenommen haben, da er wohl erst kurz nach 1200 entweder in Thannhausen in Bayerisch-Schwaben oder im gleichnamigen Ort zwischen Gunzenhausen und Pleichfeld in Mittelfranken geboren wurde; er starb etwa 1270.

Seinen Spuren läßt sich am Hörselberg nachgehen; denn unter den Höhlen dort gibt es auch eine eigene Tannhäuser-Höhle, die wohl den Eingang zum unterirdischen Reich der Frau Venus bilden soll, aber Vorsicht, außer einiger Kletterei wird man dort kein Erfolgserlebnis haben.

Der Spuk in Tegel

Vereinzelt kommen Gespenster und Geistererscheinungen zu literarischen Ehren. Denken wir nur an die Ahnfrau des Hauses Borodin, die Grillparzer in seinem Schauspiel „Die Ahnfrau" verewigt hat. Seitdem spukt sie, der hohen Ehre wohl bewußt, gleich in einem halben Dutzend böhmischer und mährischer Schlösser als Weiße Frau und überläßt es den Fachleuten, sich darüber zu streiten, welche von ihnen als das Original angesehen werden muß.

Auch der Poltergeist im Schloß Tegel gehört zu den literarischen Gespenstern. Das reizvolle Schlößchen im heutigen Reinickendorf in Berlin wurde 1824–26 nach Plänen von K. F. Schinkel aus einem alten kurfürstlichen Jagdschloß in der heutigen Gestalt umgebaut. Es gehörte der Familie Humboldt, die es 1766 erworben hatte. In den neunziger Jahren des 18. Jahrhunderts, noch vor dem Umbau, begann es im alten Jagdschloß zu spuken. Das ganze war so aufregend, daß der Spuk zu den wichtigsten Gesprächsthemen in Berlin gehörte und ihm später sogar Bechstein die Ehre einräumte, in sein „Deutsches Sagenbuch" aufgenommen zu werden: „Zunächst entsprach dieses Gespenst seiner Natur durch Poltern, dann begann es mit Steinen nach den Leuten zu werfen, welche Steine zum Überfluß sehr heiß waren und mutmaßlich unmittelbar aus dem Kalkofen der Hölle. Man hörte es auch mit Peitschen in den Stuben knallen, und auf diese Weise war seine Gesellschaft keineswegs angenehm. Mit dem Feuer ging das Gespenst ganz gefährlich um, und die Eßwaren ließ es auch nicht unangetastet. Auch zeigte es sich bisweilen sichtbar, bald groß, bald klein, bald schwarz, bald weiß, bald eins, bald zwei, auch zu dritt beliebte es sich sehen zu lassen."

Aber das allein genügte noch nicht, und aus der Gespenstertragödie entwickelte sich rasch eine Posse. Ausgerechnet der berühmte und als Kritiker gelegentlich auch gefürchtete Aufklärer Friedrich Nicolai hielt auf dem Höhepunkt der Geisterkampagne in der Akademie der Wissenschaften in Berlin einen Vortrag, in dem er berichtete, wie er einige Jahre zuvor von ähnlichen Geistererscheinungen geplagt wurde, jedoch gänzlich davon befreit worden sei, als ihm der Arzt ausgerechnet auf seinem Gesäß Blutegel angesetzt habe. Diese reichlich kuriose Situation nutzte Goethe, der sowieso seit langem in literarischer Fehde mit dem engstirnigen Nicolai lag, und ließ diesen sehr zum Ergötzen der literarischen Welt als „Proktophantasmist" in der „Walpurgisnacht" im „Faust I" auftreten. Die griechische Bezeichnung ist dabei eine Eigenschöpfung des Dichters und setzt sich zusammen aus proktos = After, Steiß und phantasmist, was soviel wie Geisterseher bedeutet. Seitdem also ist der Poltergeist von Tegel literarisch unsterblich, und der Herr Nicolai stelzt als „Steißgeisterseher" durch die Walpurgisnacht und mokiert sich über die Geister, die dort ihr Unwesen treiben:

„Ihr seit noch immer da! Nein, das ist unerhört.
Verschwindet doch! Wir haben ja aufgeklärt!
Das Teufelspack, es fragt nach keiner Regel.
Wir sind so klug, und dennoch spukt's in Tegel.
Wie lang hab' ich nicht am Wahn hinausgekehrt,
Und nie wird's rein; das ist doch unerhört!
Ich sag Euch Geistern ins Gesicht,
Den Geisterdespotismus leid' ich nicht;
Mein Geist kann ihn nicht exerzieren.
Heut', seh' ich, will mir nichts gelingen;
Doch eine Reise nehm' ich immer mit
Und hoffe noch, vor meinem letzten Schritt,
Die Teufel und die Dichter zu bezwingen."

Das Gefängnis des Teufels in Kaisheim

Daß der Teufel in der Volkssage eine wichtige Rolle spielt, haben wir im Laufe der Wanderungen zu den merkwürdigen Plätzen schon mehrfach kennengelernt, vor allem wenn er bei Teufelshöhlen, -brücken, -mauern als Schuldiger für ihre Entstehung herhalten muß. Nur die wenigsten wissen aber, daß er in einem süddeutschen Kloster mehr als 200 Jahre gefangengehalten wurde. Da er aber zwischendurch weiterhin nachgewiesenermaßen sein Unwesen trieb, scheint es sich bei der Sage doch wohl nicht um Beelzebub persönlich, sondern eben um einen seiner Gehilfen oder Unterteufel gehandelt zu haben.

Schauplatz der teuflischen Tragödie ist das Zisterzienserkloster Kaisheim bei Donauwörth an der B 2 in Richtung Nürnberg. Es war 1134 von den Mönchen eines anderen Zisterzienserklosters aus dem Oberelsaß gegründet worden. In einer Zeit allgemeinen Verfalls galt es schon bald als besonders streng und erhielt deshalb den wenig einladenden Ehrennamen „carcer ordinis" – Kerker des Ordens.

Von der merkwürdigen Teufelsgeschichte weiß eine Ordenschronik aus dem Jahre 1532 zu berichten. Der Chronist erzählt, daß im 14. Jahrhundert ein ungemein frommer Bruder im Kloster lebte, dem trotz des „carcers" die Ordnung noch viel zuwenig streng war und der sich deshalb selbst das Gelübde auferlegt hatte, den Klosterbereich auch nicht für einen Tag zu verlassen. Das reizte den Teufel, der deshalb beschloß, dem Bruder eine Falle zu stellen und ihn aus dem Kloster zu locken. Hatte er erst ihn, den Frömmsten, zum Bruch des Gelübdes verleitet, würde er bei den anderen sicher leichtes Spiel haben. So fuhr er als böser Geist in die Tochter des Herzogs von Kärnten, und als ihn Mönche austreiben wollten, rief er ihnen zu, nur der fromme Bruder aus dem Kloster Kaisheim könne das. Nun hatte er nicht mit dem klugen Abt von Kaisheim gerechnet, der den Bruder seines Gelübdes entband und ihm sogleich die Verpflichtung auferlegte, die Herzogstochter von dem bösen Geist zu befreien. Der Bruder brach auf diese Weise weder sein eigenes Gelübde noch den Gehorsam. Er zog vielmehr eifrig nach Kärnten, bannte den Teufel in eine eiserne Büchse, die er fest verschloß, daheim in ein Glas tat und dieses auf dem Dachboden der Kirche aufhing.

Wie die Mönche in Kaisheim mit dieser doch immerhin unheimlichen Nachbarschaft fertig wurden, wird nicht berichtet. Auf alle Fälle scheinen sie grenzenloses Vertrauen in die exorzistischen Fähigkeiten ihres Mitbruders gehabt zu haben. Merkwürdigerweise berichtet die Chronik nur von Zwischenfällen mit Besuchern des Klosters, denen offensichtlich der Teufel im Glas als eine Art Fremdenverkehrs-Attraktion gezeigt wurde. Daß solche Neugierde auch gefährlich werden konnte, beweist das Erlebnis eines Knechtes Kaiser Friedrichs III., der „mit unbedachtem Sinn und Worten“ zum Glas auf dem Dachboden ging, dort aber von solcher Angst befallen wurde, daß er ohnmächtig niederstürzte. „Als er wieder zu sich kam, hat er nicht mehr begehrt, den Teufel zu schauen ...“ Der gleiche Mönch, der das in der Chronik berichtet, erzählt auch, daß er selbst das Glas noch gesehen habe. Bald danach allerdings schlug 1543 der Blitz in den Vierungsturm der Kirche ein und zerstörte diesen. Dabei zersprang auch das Glas auf dem Kirchenboden, und der Teufel vermochte nach zweihundertjähriger Gefangenschaft endlich zu entfliehen.

Bemerkenswerterweise ist das Kloster seiner Tradition oder seiner Bestimmung – wie immer man es auch nennen will – bis heute treu geblieben, zuerst eben als „carcer ordinis“, danach als Gefängnis des Teufels, seit 1802 säkularisiert als Zuchthaus und heute als Jugendstrafanstalt.

Wenn man auch den Teufel nicht mehr findet und für die Strafanstalt sicher wenig Interesse hat, so wird man aber doch entschädigt durch den Besuch der heute wieder sorgfältig restaurierten Klosterkirche.

Burg Stockenfels – das Gespenstergefängnis

Eigentlich gehört zu jeder Burg eine Art Hausgespenst. Dementsprechend groß ist auch die Zahl der Gespenstersagen, wobei es sich in den meisten Fällen sowieso nur um Wandersagen handelt, also um Geschichten, die so allgemein gehalten sind, daß sie ohne Schwierigkeiten auf die unterschiedlichsten Plätze passen, für diese allerdings auch nicht besonders charakteristisch sind. Eine Burg als Gespenstergefängnis allerdings ist schon eine Besonderheit, und diesen Ruhm darf Burg Stockenfels bei Roding in der Oberpfalz für sich in Anspruch nehmen. Sie liegt am großen Knie des Regen in beherrschender Lage auf einem etwa 120 m hohen Bergkegel. Leicht zu erreichen ist die heute stark zerstörte Anlage gewiß nicht, und es bedarf schon einer guten Wanderkarte, um sie zu finden. Aber als Gefängnis für Gespenster soll sie schließlich nicht dem Touristenrummel dienen.

Erbaut wahrscheinlich im 13. Jahrhundert, erlebte sie verschiedene Besitzer, galt seit der Mitte des 14. Jahrhunderts mehrfach als gefürchtetes Raubritternest, und G. Dendorfer, der Geschichtsschreiber der Burg, zählt in seiner Schilderung gleich mehrere Prachtexemplare solcher Strauchritter auf. Kein Wunder, daß sie immer mehr in Verruf geriet und schließlich als Gefängnis für Gespenster dienen mußte. Um keine Burg dieser burgenreichen Gegend ranken sich so viele Sagen wie gerade um Stockenfels. Wie es sich für ein richtiges altes Gefängnis mit dementsprechend konservativem Strafvollzug gehört, kommt man als Gespenst – auch heute noch! – auf die Burg, um zu büßen. Dabei gibt es allerdings auch Unterschiede, denn nicht einmal bei den Gespenstern geht es gerecht zu. Standesherren, sonstige hohe Persönlichkeiten und heute sicher auch Politiker werden nach ihrem Tode als bessere Geister behandelt, mit feinen Wagen herangefahren und in einem Weiher westlich der Burg untergebracht. Das gemeine Volk dagegen muß in den unterirdischen Räumen der Burg schmachten. Freilich geht es dort nachts dafür toll zu, dann sind die Räume festlich erleuchtet, und die Geister sitzen zu festlichem Mahl an langen Tischen. Aber ihre Füße stecken dabei bis zu den Knien in glühenden Kohlen, ihr Braten ist in Pech geschmort, Bier und Wein sind glühend heiß und rinnen wie flüssiges Metall durch die Kehle.

Der besondere Volkszorn hat sich ganz offensichtlich gegen die Bierbrauer gerichtet, von denen hier in Stockenfels eine ganze Anzahl inhaftiert ist. Sie müssen als einzige den ganzen Tag arbeiten. In Bechsteins „Sagenbuch" heißt es: „Da ist ein grausam tiefer Brunnen auf Stockenfels, der geht bis zum Bergesgrunde, da stehen sie auf einer Leiter von oben bis unterst, und der Unterste schöpft Wasser und langt es herauf, und der Oberste schüttet's aus, und rastlos wandern die Eimer die ganze Woche lang, und das sind die abgeschiedenen Bierbrauer von Regensburg, von Straubing, Cham, Burglengenfeld, Landshut und anderen Orten, die solche Buße tun müssen, dieweil sie bei ihrem Leben zu viel Wasser in jedes Gebräu gemischt …" Die in der gleichen Sage geäußerte Sorge, daß es immer mehr würden und sie nicht mehr in den Brunnen hineingingen, dürfte heute allerdings durch das bedauerliche Aussterben der Privatbrauereien gegenstandslos geworden sein.

Die Siegfriedsbrunnen im Odenwald

Keine der großen Helden- und Rittersagen bzw. -epen des Mittelalters besitzt einen so authentischen Anstrich wie die Nibelungensage. Man zeigt am Dom zu Worms die Pforte, an der sich die Königinnen stritten, man kennt in fast allen Einzelheiten den Weg der Könige und Ritter ins Ungarnland, man glaubt sogar Siegfrieds Grab zu kennen, nur ausgerechnet den Ort, an dem Hagen den Nibelungenschatz in den Rhein versenkte, hat man noch nicht entdeckt! Das hängt mit einem stilistischen Kunstgriff jenes unbekannten Dichters aus dem Donauraum zusammen, der um die Mitte des 13. Jahrhunderts das „Nibelungenlied" schrieb. Darin nahm er die alten Sagen von Siegfried, den Nibelungen und dem Untergang der Burgunder aus der Völkerwanderungszeit wieder auf und erzählte sie neu, indem er das Geschehen in seine Zeit versetzte, die ritterliche Welt in allen Einzelheiten genau zeichnete und immer wieder auch die Ereignisse zu lokalisieren suchte, indem er einen fiktiven Weg durchaus realistisch nachzeichnete. Schon die Zeitgenossen konnten auf diese Weise den Helden folgen und sich mit ihren Schicksalen identifizieren, viel stärker aber noch die modernen Leser, für die ja seit dem Erscheinen des Liedes schon wieder 700 Jahre vergangen und die Ereignisse und Schauplätze gleichermaßen in den Schleier der Vergänglichkeit eingehüllt sind. Kein Wunder, daß der Bezug zur ursprünglichen alten Sage der Völkerwanderungszeit weitgehend verlorengegangen ist, und es genug Leser gibt, die das Nibelungenlied als einen vielleicht von Sagen verbrämten Tatsachenbericht aus dem Mittelalter nehmen.

Warum auch nicht? Warum soll der geschichtspropädeutische Charakter der Sagenwelt, den kluge Lehrer als Einstieg in den Geschichtsunterricht nutzen, nicht auch Erwachsene anregen? Zu den Punkten, die scheinbar genau fixiert werden, sich dann aber doch als unsicher erweisen, gehörte auch jener Brunnen, an dem Siegfried von Hagen ermor-

Die Ermordung Siegfrieds im Odenwald. Miniatur aus dem „Hundeshagenschen Kodex“ des Nibelungenliedes.

det wurde. In der sogenannten Handschrift C des Nibelungenliedes lautet die letzte Strophe der 16. Aventiure:

„Von demselben Brunnen, da Siegfried ward erschlagen,
sollt ihr die rechte Kunde von mir hören sagen:
Vor dem Odenwalde ein Dorf liegt, Otenhaim.
Dort fließet noch der Brunnen, daran kann kein Zweifel sein.“

Tatsächlich gibt es mitten im Kraichgau, etwa 25 km südlich von Heidelberg, einen Ort Odenheim. Die Bewohner dort präsentieren auch in der Nachbarschaft eine sehr schön gelegene Quelle, die eigens 1932 als „Siegfriedsbrunnen“ hergerichtet wurde. Die Odenheimer sind so stolz darauf, als hätten sie den Helden dort selbst umgebracht. Und doch hat die Sache zwei Haken. Zum einen findet sich die zitierte Strophe eben nur in der einen Handschrift, die im Gegensatz zu den anderen mehrere solcher Einschübe von zweiter Hand aufweist. Zum andern – und das ist noch wichtiger – läßt sich dieses Odenheim schlecht in die vom Dichter angenommene Topographie des Nibelungenliedes einbauen. Schließlich fand der Mord nicht „vor“, sondern „im“ Odenwald statt. Die Umgebung von Odenheim scheint aber weniger für die große Jagd geeignet, der Weg mit dem Leichnam nach Worms einfach zu weit gewesen zu sein.

Längst haben inzwischen mehrere Plätze im Odenwald selbst ihren Anspruch auf den makabren Ruhm angemeldet, der Mordplatz zu sein. Zwei jedenfalls haben dabei besonders gute Chancen: zum einen der Lindelbrunnen zwischen Hiltersklingen und Hüttenthal, wo heute auch eine Tafel darauf hinweist, daß hier Siegfried erschlagen worden sei, und sogar behauptet, der Name der Quelle wäre schon 773 n. Chr. in einer Beschreibung der Mark Heppenheim erwähnt; zum andern aber die Siegfriedsquelle bei Gras-Ellenbach, nur 4 km Luftlinie von Hüttenthal entfernt. Dort hat schon um die Mitte des vorigen Jahrhunderts ein Heimatforscher gründliche Spurensuche betrieben, und seine Argumente überzeugen heute noch am besten, wenn sie natürlich auch ihre Gegner gefunden haben. Inzwischen erlangte diese Siegfriedsquelle einige Berühmtheit und förderte den Fremdenverkehr. Um so erschrockener war man in Gras-Ellenbach, als 1951 die Quelle plötzlich versiegte. Veränderter Nutzholzanbau hatte den Grundwasserspiegel gesenkt und zur irreparablen Austrocknung geführt. Um die Quelle zu retten, mußte eine Wasserleitung den Berg hinauf gelegt werden. So fließt das Wasser heute zwar künstlich, aber es fließt zur Freude der zahlreichen Besucher.

Die beiden Brunnen im Odenwald bleiben aber keineswegs die einzigen. Neben ein paar kleineren ist vor allem ein Lindenbrunnen südwestlich von Heppenheim im Gespräch, bei dem heute eine Gedenktafel ebenfalls an das Nibelungenlied erinnert.

Die Greifensteine im Erzgebirge

Wer auf der Straße von Chemnitz nach Annaberg-Buchholz bei Ehrenfriedersdorf nach Westen abzweigt und einen kleinen Fußmarsch von 2 km nicht scheut, kommt bequem zu den Greifensteinen, einem bizarren, ungemein malerischen Felsengebiet. Heute sind es noch sieben Felsen, die Reste eines ehemals mächtigen Granitmassivs, die an ihrer höchsten Stelle bis zu 732 m aufragen. Entsprechend weit reicht der Blick von hier aus über das Erzgebirgsvorland, und an klaren Tagen kann man im Süden fast das gesamte Erzgebirge überblicken. Die in der Nähe gelegene Greifensteintalsperre und das geschickt in die Landschaft eingefügte Naturtheater mit seinen mehr als 3000 Sitzplätzen locken die Besucher an und haben längst dafür gesorgt, daß es vorbei ist mit idyllischer Einsamkeit und Ruhe.

Lägen diese Felsen irgendwo im Westen der Bundesrepublik im sogenannten Altsiedelgebiet, so wären sie bestimmt zu magischen Kultplätzen avanciert. So aber blieben sie bis zur Besiedlung des Gebirges im Mittelalter unbeachtet in der damaligen Waldwildnis. Nur die Sage bemächtigte sich des Platzes, und entsprechend ihrer Größe und ihres Aussehens wurden die Felsen – ursprünglich waren es noch sechs mehr, die aber Steinbrucharbeiten zum Opfer fielen – zum Schauplatz zahlreicher Sagen und übertreffen heute noch alle anderen Sagenorte des Erzgebirges. Den Namen des Felsgebiets erklärt die Sage mit dem Hinweis, daß hier in der Einsamkeit ein Greif gehaust habe. Die Menschen, die früher einmal in den Dörfern der Umgebung lebten, waren meistens bitter arm. So verwundert es nicht, daß zuerst von Schätzen erzählt wird, die in den Felsen verborgen liegen sollen. Andere Sagen berichten, daß hier einmal ein Raubschloß gestanden habe, das böhmischen Rittern gehörte. Tatsächlich haben moderne Ausgrabungen die Existenz einer heute verschwundenen Burg nachgewiesen.

Von Rittern in den Greifensteinen ist auch in der wohl schönsten und bekanntesten Sage die Rede, so wie sie der alte „Sagenschatz des Königreiches Sachsen“ überliefert: „Ein Wanderer namens Jahn irrte bei Nacht einst in der Gegend des Greifensteins im Walde umher. Da trat ihm plötzlich eine zwergenhafte Geistergestalt entgegen und winkte ihm zu folgen.

Über Stock und Stein führte ihn der Zwerg, bis sie endlich an eine Höhle kamen. Die Wände waren von Silber, die Tische und Stühle von Gold. Tausend kristallene Leuchter mit langen Kerzen verbreiteten einen blendenden Glanz über das ganze Gewölbe. Zwölf Männer in stattlichen Rittergewändern mit langen Bärten saßen an einer Tafel und speisten. Der Zwerg lud den erstaunten Jahn ein, am Mahle teilzunehmen. Dieser setzte sich und aß und trank von dem, was ihm der Zwerg bot. Noch nie hatte er so köstlich getafelt. Die zwölf Männer schienen sich über ihn zu freuen und geboten dem Zwerg, sein Ränzel zu füllen. Mit herzlichen Worten schied Jahn von seinen gastfreundlichen Wirten. Der Zwerg führte ihn aus der Höhle, die, wie Jahn jetzt bemerkte, im Greifenstein war, und geleitete ihn auf die Straße, welche nach Böhmen führte und auf der er sich nicht mehr verirren konnte. Dann verschwand er. Als nun Jahn sein Ränzel auspackte, um zu sehen, womit ihn die freigebigen Geister beschenkt hatten, da fand er in demselben Barren gediegenen Goldes und Silbers ...“

Aber nicht genug mit Schätzen und Rittern, erinnert die Stülpnerwand und die nahegelegene Stülpnerhöhle daran, daß sich auch moderne Sagen und Geschichten um das Gebiet ranken, das einmal als Winterquartier und Operationsbasis des berühmt-berüchtigten erzgebirgischen Wildschützen angesehen wurde. Er ist bis heute einer der beliebtesten Volkshelden des Erzgebirges, dieser Stülpner Karl, der 1762 in der Nähe von Zschopau geboren wurde, später vom Militär desertierte und sich jahrelang als Wildschütz im Erzgebirge herumtrieb. Da er die hohe Obrigkeit narrte und offensichtlich den armen Leuten half, wurde er bald populär, und zahlreiche Geschichten kursierten über ihn. Und weil er auch harmloser war als manche auch zu Volkshelden hochstilisierten Räuber, konnte er auch 1806 wieder einen geachteten Lebenswandel beginnen und erneut ins Militär eintreten – von wo er allerdings wieder desertierte. Erst als alter Mann kehrte er in seine Erzgebirgsheimat zurück, wo er sich in seinem legendären Ruf sonnen konnte. Heute würde er die Greifensteine bei dem dort herrschenden Betrieb sicher nicht mehr als Schlupfwinkel wählen, wohl aber wäre er bestimmt einverstanden, wenn man auf der Freilichtbühne das Volksstück „Karl Stülpner, der kühne Raubschütz von Scharfenstein“ spielte.

In der Luftlinie nur knapp 7 km von den Greifensteinen entfernt vollendete sich auch eine andere aufsehenerregende Räubergeschichte, denn auf dem Fürstenberg steht ein Gedenkstein, der daran erinnert, daß hier in den grenznahen Gebirgswäldern ein Köhler mit seinen Gesellen 1455 den Ritter Kunz von Kaufungen stellte und so den „sächsischen Prinzenraub“, die berüchtigte Entführung der Prinzen Albrecht und Ernst, glücklich beendete.

Der Roland von Bremen und seine Gefährten

Sie waren in den vergangenen 50 Jahren etwas in Vergessenheit geraten, die riesigen Gesellen mit ihrem Schwert und dem meist so grimmigen Blick; denn die meisten erhalten gebliebenen Exemplare stehen in der ehemaligen DDR. Heute sind auch sie mit ihrem berühmten Kollegen in Bremen wiedervereinigt, und ungehindert kann man sie alle besuchen.

Roland, das große Vorbild dieser Steinmänner, gehört zum Sagenkreis um Karl den Großen. In seiner Person vermischen sich Geschichte und Sage. Die Geschichte verweist auf einen Markgrafen oder Herzog Rhodlandus (Hruodland), der mit seinen Leuten in den Pyrenäen bei Roncesvalles in einen Hinterhalt der Basken geriet und umgebracht wurde. Einhard, der Freund und Biograph Karls des Großen, weist unter dem Jahr 778 ausdrücklich auf dieses Ereignis hin. Es zeigte ein so nachhaltiges Echo, daß es in der Heldensage fortlebte und entsprechend ausgeschmückt wurde. Aufgezeichnet wurden die Geschichten aber erst 300 Jahre nach den historischen Ereignissen um 1100 im altfranzösischen „Rolandslied“, einer einmal weitverbreiteten und vor allem sehr beliebten Dichtung. Schon um die Mitte des 12. Jahrhunderts wurde es vom Regensburger Pfaffen Konrad ins Deutsche übertragen und später von einem anderen Dichter in das höfische Epos „Karl der Große“ umgestaltet. Auch in die deutsche Volkssage ging Roland ein und begegnet uns in der Geschichte von Burg Rolandseck und der tragischen Liebe zwischen dem berühmten Helden und Hildegund, der Tochter des Ritters Heribert vom Drachenfels.

Als tüchtiger Mann mit gutem Ruf bekam dieser Roland dann seit dem 14. Jahrhundert eine völlig neue Aufgabe und bewachte die Märkte nieder- und ostdeutscher Städte. Die Wissenschaft hat seine Aufgabe längst sorgfältig analysiert, ohne allerdings zu einem eindeutigen Ergebnis gelangt zu sein. Man vermutet, daß die Rolandsfiguren, wie sie offiziell genannt wurden, alte Marktkreuze abgelöst haben und entweder als Zeichen des Königsbannes, der Gerichtsbarkeit oder der Marktfreiheit stehen.

Der berühmteste unter ihnen bleibt natürlich „Roland der Riese am Rathaus zu Bremen“. Er ist auch der älteste in der illustren Gesellschaft, wurde 1404 an Stelle eines hölzernen Vorgängers von den selbstbewußten Bürgern errichtet. Die Stürme der Zeit hat er ganz gut überstanden, bei der letzten Restaurierung verlor er allerdings seinen Kopf, der ins Museum wanderte und durch einen neuen Sandsteinkopf ersetzt wurde. Es gibt eine alte Prophezeiung, wonach die Unabhängigkeit der Stadt nie ernstlich gefährdet sei, solange der Roland auf dem Markt stehe. Deshalb geht auch die Sage, daß im Ratskeller ein zweiter hölzerner Roland aufbewahrt werde, der aber im Notfall innerhalb von 24 Stunden aufgestellt werden müsse.

Was die kleine Figur zu Füßen des Riesen bedeuten soll, weiß niemand so recht, vielleicht ist es die Darstellung eines Verurteilten, vielleicht aber auch jener Krüppel, von dem eine andere Sage erzählt, er habe dank seiner Geschicklichkeit der Stadt geholfen, einmal ein großes Stück Land zu gewinnen. Der Bremer Roland mißt von der Sohle bis zum Scheitel 5,55 m, vom Sockelfuß bis zur Spitze des Baldachins sogar 10,21 m. Neben ihm müssen sich aber seine mitteldeutschen Kollegen keineswegs verstecken.

Zu ihnen gehört beispielsweise der Roland von Stendal mit 5,41 m Höhe. Bechsteins „Sagenbuch“ vermerkt geradezu ehrfürchtig: „Der Roland zu Stendal ist absonderlich riesig und grotesk, wohl der größte. Seine Waden sind mannsdick (Anm.: 1,18 m!), sein Schwert ist 12 Ellen (Anm.: 4,39 m) lang.“ Es wird erzählt, der Roland habe sich umgewendet, wenn ihm die Narrheit in der Welt zu bunt geworden sei. Leider hat das Original von 1525 während eines Orkans 1972 das Zeitliche gesegnet, vielleicht wollte er sich aber nur von den politischen Zuständen abwenden und ist dabei zu Schaden gekommen. Heute ist er durch eine Kopie ersetzt.

Nicht weniger achtunggebietend zeigt sich der 5,30 m hohe Roland von 1474 am Altstädtischen Rathaus in Brandenburg. Er hat seinen Platz wechseln müssen, denn ursprünglich stand er vor dem heute zerstörten Rathaus in der Neustadt. Welch hohes Ansehen er genoß, erzählt die Sage von einer Brandenburger Bürgerstochter, die in die Gefangenschaft eines gefürchteten Raubritters geriet und bei ihrem Leben schwören mußte, dessen Versteck keinem Menschen zu verraten. Doch sie konnte entfliehen, kehrte in die Vaterstadt zurück, kniete sogleich vor dem Roland nieder und erzählte ihm alles. Die Umstehenden wurden natürlich aufmerksam, der Rat rüstete ein Aufgebot aus, das dem schweigsamen Mädchen folgte, und so überraschte man den Räuber.

Literaturhinweise

Es sind nur die wichtigsten modernen Titel angeführt. Fast alle enthalten ausführliche Literaturhinweise, die deshalb hier nicht mehr wiederholt werden müssen. Ebenfalls nicht aufgeführt wurden Sagensammlungen, da es die verschiedensten regionalen Sammlungen für einen breiteren Leserkreis gibt. Gute Zusammenfassungen bieten die zahlreichen Sagenbände des Verlages Eugen Diederichs.

Albrecht, Friedrich: Abt Benedikt Knittel und das Kloster Schöntal als literarisches Denkmal. Marbach 1989

Berndt, Helmut: Unterwegs zu deutschen Sagen. Düsseldorf 1985

ders.: Die Nibelungen. Auf den Spuren eines sagenhaften Volkes. Bergisch-Gladbach 1992

Christlein, Rainer / Braasch, Otto: Das unterirdische Bayern. Stuttgart 1982

Claus, Martin: Archäologie im südwestlichen Harzvorland. Hildesheim 1978

Fritz, Diana Maria: Wo Barbarossa schläft – der Kyffhäuser. Weinheim 1991

Fröhling, Stefan / Reuß, Andreas: Kunigundenweg zwischen Bamberg und Aub. Bamberg 1990

Gödel, O.: Menhire. Speyer 1989

Graichen, Gisela: Das Kultplatz-Buch. München 1991

Graichen, Gisela / Hillrichts, Hans Helmut: Die Gebeine des Papstes. München 1993

Hansen, Susanne (Hrsg.): Die deutschen Wallfahrtsorte. Augsburg 1990

Haug, Günter: Droben stehet die Kapelle … Stuttgart 1988

Herrmann, Joachim (Hrsg.): Archäologie in der Deutschen Demokratischen Republik. 2 Bde. Stuttgart (Leipzig) 1989

Jankuhn, Herbert: Haithabu, ein Handelsplatz der Wikingerzeit. Neumünster 1956

Kleßmann, Eckart: Unter unseren Füßen. Düsseldorf 1978

Kreidt, Dietrich u. a.: Streifzüge durch die deutsche Kulturgeschichte. Niedernhausen/Ts 1991

Lange, Ingrid / Werner, P.: Vineta. Altantis des Nordens. Leipzig 1991

Luczyn, David: Magisch reisen. Deutschland. München 1991

Planck, Dieter u. a.: Unteridisches Baden-Württemberg. Stuttgart 1994

Pörtner, Rudolf: Bevor die Römer kamen. Düsseldorf 1961 u. a.

Richardi, Hans-Günter: Unheimliche Plätze in Bayern. Pfaffenhofen 1977

Die Schwarzen Führer: Franken / Nordwestdeutschland / Schwaben – Bodensee / Schwarzwald. Freiburg i. Br. 1987 u. a.

Weisweiler, Hans: Das Geheimnis Karls des Großen. München 1981

Uthmann, Jörg v.: Es steht ein Wirtshaus an der Lahn. Hamburg 1979

Vladi, Firouz: Führer durch die Einhornhöhle bei Scharzfeld am Südharz. Osterrode 1984

Welchert, Hans-Heinrich: Wanderungen zu den Burgen und Domen am Rhein. Tübingen 1970

Flensburg
Schleswig
51
14
14
Kiel
Nord-Ostsee-Kanal
Schleswig-
Holstein
Lübeck
21
Rügen
Rostock
Usedom
Usedom
51
Peene
Mecklenburg-
Vorpommern
25
Sternberg
Schwerin
Hamburg
Elde
Wilhelmshaven
Bremerhaven
Weser
Bremen
60
Oldenburg
Niedersachsen
Elbe
23
Rheinsberg
Brandenburg
8
Klein Berßen
Meppen
Alhorn
7
Wildeshausen
Ems
Aller
Stendal
60
Sachsen-
60
Havel
55
Berlin
Oder
Branden-
burg
Potsdam
Frankfurt
36
15
Osnabrück
Lübbecke
Hannover
Mittellandkanal
Wolfsburg
Braunschweig
Weser
Hildesheim
Salzgitter
Magdeburg
Spree
Münster
Bielefeld
Detmold
16
Wernigerode
Blankenburg
47
28
Dessau
Elbe
Cottbus
Kevelaer
Nordrhein-Westfalen
40
Bad Driburg
Paderborn
24
Bad
Lauterberg
3
Anhalt
32
Duisburg
Essen
Dortmund
Göttingen
Halle
Neiße
1
Düsseldorf
Brilon
Willingen
10
Kassel
Kaufungen
22
Sonders-
hausen
49
Saale
Leipzig
Mühlhausen
9
Thüringen
Sachsen
Köln
34
Fulda
Aachen
30
Siegen
Eisenach
54
Erfurt
Jena
Dresden
Zittau
29
Gera
Chemnitz
Bonn
Bad Godesberg
46
Hessen
Werra
Lahn
Ehren-
frieders-
dorf
Saalfeld
4
Zwickau
59
Annaberg-
Buchholz
Fulda
26
Rhein
38
Koblenz

1 Das Neandertal bei Düsseldorf
2 Vogelherdhöhle und Ofnethöhle in der Schwäbischen Alb
3 Einhornhöhle und Steinkirche im Harz
4 Die Teufelsbrücke bei Obernitz
5 Menhire bei St. Ingbert und Blieskastel
6 Die Burghöhle von Dietfurt
7 Visbecker Braut und Bräutigam
8 Das Königsgrab von Groß-Berßen
9 Die Kultstätte von Oberdorla
10 Die Bruchhauser Steine
11 Der Heiligenberg bei Heidelberg
12 Heuneburg und Hohmichele
13 Teufelsmauer und Heunensäulen
14 Haithabu und Danewerk
15 Die Babilonie bei Lübbecke
16 Die Externsteine im Teutoburger Wald
17 Der Ipf in Schwaben
18 Der Staffelberg in Franken
19 Der Mummelsee im Schwarzwald
20 Der Druidenstein bei Nürnberg
21 Kap Arkona auf Rügen
22 Der Hohe Meißner – Berg der Frau Holle
23 Der Stechlin-See in der Mark Brandenburg
24 Die Iburg bei Bad Driburg
25 Die Tempelburg Groß Raden
26 Die Milseburg in der Rhön
27 Der Donnersberg in der Pfalz
28 Der Regenstein und die Teufelsmauer bei Blankenburg
29 Die Klosterburg Oybin in der Oberlausitz
30 Das Aachener Münster
31 Die Gnadenkapelle von Altötting
32 Die Gnadenkapelle von Kevelaer
33 Die „Vierzehn Nothelfer“ von Vierzehnheiligen
34 St. Ursula in Köln
35 St. Emmeram in Regensburg
36 Die Wallfahrtskirche in Rulle
37 St. Walburg bei Eichstätt
38 Das Genovevagrab in Fraukirch
39 Der Heilige Rock in Trier
40 Der Dom zu Paderborn
41 Der Dom zu Speyer
42 Die Walterichskirche in Murrhardt
43 Der Bussen bei Biberach
44 Die Kunigundenkapelle bei Aub und Kunigundenweg
45 Kloster Schöntal – ein Kloster als Buch
46 Der Drachenfels im Siebengebirge
47 Der Broken – wo Hexen tanzen
48 Die Loreley am Rhein
49 Kyffhäuser und Untersberg – wo der Kaiser schläft
50 Der Hohenkrähen – wo Poppele spukt
51 Zwei untergegangene Städte – Vineta und Rungholt
52 Kloster Heisterbach – wo Mythen lebendig werden
53 Wildenberg – die Gralsburg im Odenwald
54 Die Wartburg – wo die Sänger stritten
55 Der Spuk in Tegel
56 Das Gefängnis des Teufels in Kaisheim
57 Burg Stockenfels das Gespenstergefängnis
58 Die Siegfriedsbrunnen im Odenwald
59 Die Greifensteine im Erzgebirge – wo Zwerge und Raubritter lebten
60 Roland – der Riese in Bremen und anderswo